蔣介石父子1949危機檔案

王丰 著

謹以此書　紀念

先父母　暨動亂年代苦難的中國人

目錄

〈自序〉

從蔣氏父子家書管窺民國三十八年國府大潰敗內幕

蔣介石恐怕連做夢都沒有想到，他人生的最後二十六個寒暑，會在台灣這蕞爾小島度過，從民國三十八年十二月，他一步都不曾離開過台、澎、金、馬，直到民國六十四年四月五日，在台北士林官邸嚥下最後一口氣。

蔣介石風光了半輩子，從北伐初期黃埔軍官學校校長、國民革命軍總司令、軍事委員會委員長、行政院院長、國民政府主席，一路做到中華民國行憲後第一任總統。在大陸當權的二十三年間，縱使神州大地遍地烽火，但是，他幾乎等於是當代中國一呼百諾的皇帝。人們會說，他之所以會從大陸敗退台灣，這完全是天命，天命不可違。蔣介石敗退台灣或許正應驗了天命，然而，他會選擇台灣做日後安身立命之所，確實是一個神來之筆的抉擇。

蔣介石爲什麼會擇定台灣島做爲他與共產黨鬥法的「復興基地」，人們可以想出這樣那樣各種理由及說法，但在蔣介石父子的往來函電中找到了答案，於是，順著這些函電一路追蹤下去，許多原本莫衷一是的疑惑，在這些堆積如山的函牘中，發現了眞正的原因，許多原本曖昧難明的問題，在這裡尋找到了解答。

是的，蔣介石爲什麼會選擇台灣做爲負隅頑抗的「復興基地」？答案就是蔣經國呈給父親的一封家書裡邊。蔣經國於民國三十七年六月二十六日發出的那封信，是這樣寫著的：

父親大人膝下：

敬稟者，最近二星期以來，兒曾與滬杭等地之負責官員，深談國事，并私訪民間，接近商民、工人，以至乞丐、難民，在各方面所得之感想殊深，經過日夜之考慮，兒不得不忍痛直呈大人者，即多數人之心，皆惶惶然而不知如何是好。我政府確已面臨空前之危機，且有崩潰之可能，除設法挽回危局之外，似不可不做後退之準備。兒決非因消極或悲觀而出此言，即所謂退者，亦即以退爲進之意也。有廣東，方有北伐之成功；有四川，才有抗日之勝利。而今後萬一遭受失敗，則非台灣似不得以立足。望　大人能在無形中從速密籌有關南遷之計畫與準備。兒對此考慮或有過分之處，但以目前局勢之演變而論，軍事與經濟並非無崩潰之可能，實不可不做必要之防備也。爲兒者心有所思，不敢不直呈於　大人之前也。

蔣經國這封沉痛告白，撼動了蔣介石挽救危局的鬥志。這封信必定是蔣介石展開秘密南遷計畫的一大觸媒。蔣經國勸告他的父親「從速密籌有關南遷之計畫與準備」，蔣介石心知肚明國府之大勢已去，深知以國府當時的客觀條件，打不過共產黨。國共內戰國軍在各個戰場接連失利，惡性通貨膨脹及金融亂局危如累卵，一如蔣經國所言，「軍事與經濟並非無崩潰之可能」。

正因這封信觸動了蔣介石的靈魂深處，蔣先生從各個方面預爲布置，台灣，成爲兩蔣父子亟思東山再起之地。從蔣經國早歲歸國以來，和父親之間長年通信及往來函電，我們可以觀察蔣氏父子之間的深厚感情，父子親情與愛國情懷交織其間，家事與國事盤根錯節，相互糾纏之下，一個故事脈絡就像是一條時光大河，從浙江、江西、四川、南京、上海、廣東、台灣，一路蜿蜒而下，原本看似各自獨立的書信、函電，原來也可以編綴成一首生命組曲。

筆者父母均來自祖國大陸，他們生長於中國最艱難的憂患歲月，對領導國人外禦國侮、浴血抗戰的蔣介石父子都有一份特殊的感情。影響所及，耳濡目染，筆者亦對兩蔣感懷不已，這種感情，至今不滅。無奈，歷史工作者必須秉筆直書，基於職責，吾人必須面對歷史，尊重事實。個人學術修爲有限，書中謬誤在所難免，尚請各界方家斧正，爲盼。本書引述之蔣氏父子函電檔案，多係源自國史館藏存之大溪檔案，謹此致謝。

壹、接班風雲

一、接班前奏曲：贛南初啼

【太子歸來】

民國二十六年三月二十五日上午，一份加急密電端送到南京軍事委員會委員長蔣介石案前。

蔣介石與其長子蔣經國失聯已經十三年，其間音訊杳然，天各一方，如今終因國際局勢丕變，中蘇聯手抗日戰略成形（史達林出槍，蔣介石出人），兩國關係日趨緊密，在史達林的認可下，蔣經國終於得與暌違十三載的父親重新取得聯繫。受蔣介石託付，中國駐蘇聯大使蔣廷黻在莫斯科中國大使館會見了矮小精壯、皮膚黝黑的蔣經國。與蔣經國見面的第二天清早，蔣廷黻給蔣介石拍發了一份特急密電：

南京蔣委員長鈞鑒：經國兄昨夜來見，與談甚久，彼甚關心國事及鈞座健康，決於即日偕其夫人及公子起程回國，夫人係俄籍女士，廿一歲，曾學工程，公子一歲，約于下月中抵滬，行期確定後再報。職廷黻

邁入知天命之年的蔣介石剛逃過「西安事變」劫難，日本軍閥又在華北和上海等地無理尋

釁，節節進逼，面對內憂外患，蔣介石席不暇暖，日夜奔忙。俄國人幫他找到長子行蹤，無異是紛至沓來的壞消息中唯一的喜訊，尤其從蔣廷黻電報中得知蔣經國不但已經結婚，還育有一子，想到自己已「升格」爲祖父，內心既欣喜又意外，誠非筆墨所能形容。

接下來的一個星期裡，蔣廷黻、軍委會機要室主任毛慶祥、中國駐莫斯科大使館少將副武官千卓（一八九八～一九三七，浙江青田人，黃埔二期，莫斯科中山大學畢業）等人函電交馳，不斷以特急電報向蔣介石匯報其協商、安排蔣經國歸國的最新進展，蔣介石熱切地期盼著父子團聚之日。當時，由於日本軍閥在華北節節進逼，更在蘇聯遠東太平洋濱加強軍事活動，蘇聯當局爲了計誘中國抗日，減輕其遠東壓力，因此史達林與蔣介石言歸於好，慨然應允蔣經國可隨時離境返國。

就在蔣經國會見蔣廷黻後五日，蔣廷黻、毛慶祥陸續向蔣介石捎來好消息。三月三十日，蔣廷黻特急密電：「經國兄廿六日早，偕夫人公子離莫，赴海參威搭船回國，惟須在崴等候一星期，抵滬約在下月十七日左右，其表弟竺君來電將由駐崴領事館譯轉。」三月三十一日，毛慶祥加急密電：「俄國副武官千卓來電稱：遵　示進行經國兄回國事已成功，……彼下月五日抵崴埠，約二十日左右抵滬。」報告了蔣經國得以獲准離開蘇聯的經過。

蔣介石手下的文書侍從、外交官員都感受到其急切與蔣經國團聚的心緒，在這段期間，中國駐蘇聯大使館的首一要務似乎就是平安護送蔣經國回國，回到蔣介石身邊。接下去的幾天，南京和莫斯科之間函電交馳，蔣經國、蔣方良、蔣孝文一家三口在駐蘇聯大使館、駐海參威領事館及沿線所有駐俄人員一站一站接力護送下，一路從莫斯科、海參威……返回中國。

這些特急電報對蔣經國而言，象徵著一個舊的人生階段的結束，一個嶄新的人生歷程正揭開帷幕。三月底，西伯利亞鐵路沿線大部分地區依舊一片銀裝素裹，蘇維埃社會主義共和國聯盟，蔣經國少年到青年的第二故鄉，再見了！十二年來，所有的磨難、艱險、光榮與恥辱，一切的一切，行將結束。在火車上，蔣經國和蔣方良啜飲著最後一杯蘇聯紅星標記伏特加，蔣方良的眼裡掛著熱淚，她明白，丈夫是歸鄉，而她卻是離鄉！對芬納（蔣方良的俄文名）而言，卻是離鄉有期，歸鄉無期啊！

焦慮等待的蔣介石在辦公室裡翻看著一大疊從蘇聯打來的電報。毛慶祥特急電：「頃接干卓來電……經兄于十七日可抵上海。」蔣廷黻四月六日的特急電：「經國兄於五日到崴候船，擬乘十二日開滬之北方號返國。」駐海參崴代辦權世恩四月十二日的特急電：「鈞座長公子經國先生，本日乘北方船離崴，瀛眷隨行，約篠晚或巧晨可抵滬。」蔣廷黻四月十四日特急電：「經國兄於十二日乘北方號離崴，計於十七日抵滬。」他在「軍委會機要室電報摘要」的公文紙上用紅鉛筆在每一封電報上打一個勾，用這個記號告訴機要人員說他已經審閱過這些電報。

蔣介石把兒子自異邦返國當成一樁普通公事嗎？不然爲何和批閱尋常公事一樣打勾了事，蔣介石內心究竟在想些什麼，蔣經國去國十三載，難道血肉之軀的蔣介石從不念及親情，於國於私，蔣介石究竟何所取捨？

蔣介石《蔣公事略稿本》民國二十年十二月十六日之記載稱：「下午，公思孫夫人為謀救回經國事曰：孫夫人欲釋放蘇俄東方部長，謂可交還我兒經國，余寧使經兒不還，或任被蘇俄殘殺，決不願以害國之罪犯，而換我親子也。夫絕種亡國乃氣數使然，余何能希冀倖免，但求『法不由我而犯』，『國不由我而賣』以保全我父母之令名，使無忝所生也，則幾矣，區區後嗣豈余所懷耶。」

文中的「孫夫人」就是向來很少與其互動的孫中山夫人宋慶齡，從他的話看來，私情與國家利益相較似乎微不足道，蔣介石寧取國家利益而捨棄後嗣香火，說得一派輕鬆，但骨子裡卻充滿了煎熬和衝突，等待從別的管道營救蔣經國。

人生總是充滿了戲劇性的變化，讓人無法捉摸。中國與蘇聯的關係微妙地牽動著蔣氏父子的命運，也牽動著中國的命運。在最黑暗的時代裡，上帝賜給了蔣介石、蔣經國父子一道幽微的光線，這道光讓他們有了重逢的契機。

原來，民國二十年九月，日本強佔中國東北，並扶植傀儡愛新覺羅溥儀當滿洲國皇帝，愛新覺羅溥儀和他的前任光緒皇帝一樣，都只是傀儡皇帝，光緒的後頭是慈禧太后，他的後頭則是磨刀霍霍的日本關東軍。日本不但垂涎華北，也處心積慮要進占蘇聯靠太平洋地區的廣袤蠻荒之地，那裡是距離莫斯科最遙遠的極東之地，史達林擔心日本從後門闖進西伯利亞。一九〇五年的日俄戰爭，日本曾經讓沙俄的陸軍和海軍吃足苦頭，傷亡達十二萬人，而日軍傷亡人數僅八萬人，史達林惟恐跟日本打一場類似旅順二〇三高地爭奪戰的苦戰，或仁川海戰、對馬海峽海戰，沒有把握可以洗雪這一奇恥大辱，因此想出一個拖延戰爭的萬全之策——以中國爲擋箭牌，立刻設法改善和中國的外交關係。

也因此，才有宋慶齡以蘇聯東方部部長牛蘭（Hiaire Naulen）交換蔣經國的兩全之計，蔣介石不僅贏回了兒子，還可調和已經斷絕的邦交，兩國復交之後可以共同對付日本侵略，但蔣介石卻斷然拒絕宋慶齡。畢竟，蔣介石思考的出發點和宋慶齡完全不同，蔣介石認爲蔣經國扣在蘇聯手裡不過是一樁小事，中國共產黨在江西蘇區形成的那股勢力才是首先要解決的心腹大患，而這個心腹大患的後台老闆就是蘇聯。這使得蔣經國必須在蘇聯多留四年，「史達林出槍，蔣介石出人」的中蘇聯合抗日的方略也整整延遲了三年。

看出了史達林的心思，蔣介石認爲，於國於私，這都是一個値得運用的大勢。由於面對共同的敵人，中蘇關係日漸緩和，形成一種相互利用的態勢。民國二十二年，蘇聯和中國同時宣布兩國恢復外交關係，史達林派遣鮑格莫洛夫（Dmitri Bogomolov）擔任復交後首任蘇聯駐華大使，他被賦與一項最重要的任務，即和中國打好交道，讓中國守住蘇聯的東邊大門。

蔣介石畢竟是個聰明人，不論是國事、家事，自不方便親自出馬。國事，由職業外交官出面談，家事，則須找個値得信賴，且又在社會上有著威望的人士出馬和老毛子折衝。

他認爲《大公報》社長吳鼎昌、總編輯張季鸞是出面與俄國人打探蔣經國下落最恰當的人選。在蔣介石囑託之下，張季鸞、吳鼎昌先後以新聞記者的身分約晤了蘇聯駐中國大使鮑格莫洛夫。

民國二十三年九月十四日，吳鼎昌拜訪了鮑格莫洛夫之後，給蔣介石發了一份特急密電，告知蔣經國的下落及其居所的正確地名及服務單位，並於晉見蔣介石時又當面做了匯報。這是父子闊別近十年後，蔣介石頭一回得知蔣經國近況。

吳鼎昌說，在他和鮑格莫洛夫晤談行將結束時，鮑格莫洛夫才透露關於蔣經國的行蹤。鮑格莫洛夫說他已經調查清楚蔣經國定居何處，如果中國政府正式向蘇聯政府提出要求，他可以協助蔣經國歸國。吳鼎昌聽到蘇聯大使提起蔣經國的名字，馬上豎起耳朵。鮑格莫洛夫說，前幾天，蘇聯政府回電給蘇聯駐華大使館，印象中，這份電文說蔣經國在烏拉山區某大工廠擔任社會生活部部長，身體情況極好。

鮑格莫洛夫問吳鼎昌說：「需不需要我打電報給莫斯科方面，詳細詢問蔣經國的住址？如果需要，我可以再發電報給莫斯科。」並說：「蔣經國在蘇聯完全自由，並未被監禁，如果委員長需要他回中國，這也不是不可以的事。」

吳鼎昌明明受蔣介石囑託，要與鮑格莫洛夫洽詢包括中蘇兩國合作及查詢蔣經國行方何處等事宜，但爲免遭人物議或滋生不必要之誤解，他很委婉地答覆鮑格莫洛夫，並極力撇清他是否受人之託，說：「我要強調，之前，我在天津和您見面詢問蔣經國的下落，純粹是我個人偶然間的詢問，並未受任何人的委託。我們感謝貴國政府協助調查，並且承蒙你們據實相告，因爲純粹是我個人偶然間的詢問，所以沒有請貴國再深入查詢其他的相關問題。」

在這之前，張季鸞也問過鮑格莫洛夫同樣的問題。民國二十年代，張季鸞和吳鼎昌都是蔣介石民間摯友，往來密切，張季鸞和吳鼎昌向蘇聯大使詢問蔣經國的下落，其目的當然不是要炒新聞或滿足記者的好奇心，實際上是受蔣介石的委託，爲援救蔣經國回國投石問路。畢竟，蔣介石是個好面子的人，如命令外交官詢問鮑格莫洛夫，萬一鮑格莫洛夫來個顧左右而言他，場面勢必弄得很尷尬，惟有委託張季鸞和吳鼎昌去向鮑格莫洛夫打聽，既不致引起蘇聯方面關注，也不會釋放錯誤的訊息，造成蘇聯的誤解。

不過，張季鸞詢問蔣經國下落時卻把地名和服務單位的名稱翻譯錯了。烏拉嶺被張季鸞誤以爲是高加索，社會生活部被錯譯成文化部。

蔣介石固然從未針對蔣經國返國問題和蘇聯方面正式協商，蔣經國返國的時機未臻成熟，但是，東方已經露出一線曙光。

尼古拉．維拉迪米洛維奇．伊利札洛夫同志

蔣經國回到浙江奉化老家後兩個月，莫斯科郊區刑場的幾聲槍聲傳遍全世界，相信包括蔣介石在內的中國軍政首長，沒人會想到這一陣槍響會與中國有何關聯，然而，剛從蘇聯回來的蔣經國心中卻充滿著忐忑不安的複雜情緒。

話說一九三七年一月，蘇聯展開了一場史無前例的血腥鎮壓，托洛斯基（Лев Давидович Троцкий）亡命墨西哥，拉狄克、皮達可夫等被史達林當局以「反蘇維埃托洛斯基中心案」的罪名審判，共有十三人被判處死刑，擔任過蔣經國老師的圖哈切夫斯基（Михаил Николаевич Тухачевский）等也在五個月後被槍決。

留滯蘇聯時期，蔣經國亦曾被懷疑受托洛斯基影響而遭流放西伯利亞。蔣經國為什麼會和托洛斯基扯上關係？這必須追溯到他剛到蘇聯，進入莫斯科中山大學讀書時，主持開學典禮的俄共代表就是托洛斯基，校方並為每一位中國學生取了俄國名字，蔣經國的名字是尼古拉．維拉迪米洛維奇．伊利札洛夫（Nikolai Vladimirovich Elizarov）。

蔣經國如果要在紅色革命陣營獲得更好的發展，贏得更多的掌聲，要從一個普通的中國留學生變成俄國人口中的尼古拉．維拉迪米洛維奇．伊利札洛夫同志，蔣經國必須透過加入中國共產主義青年團及申請加入俄共青年團來彰顯他的革命熱忱與忠誠度。

蔣經國在蘇聯加入共產黨並非秘密，但他卻以信函向長期剿共的父親迂迴巧妙承認自己

是共產黨員且服膺共產思想，民國二十六年六月十四日，蔣經國寫信給蔣介石，說：「兒在蘇俄十三年中，思想之變遷不可為不劣，生活之經過不可為不苦，惡劣之思想應盡力除去，痛苦之經驗應愈加奮勉，以孫總理之主義為唯一思想，以吾父之事業為一生志願，此兒今日志也。」由此，我們可以感受到蔣經國是以懺悔的語氣向蔣介石訴說著自己的過去與未來，並且自我期許擔起父親的革命志業，蔣介石日後會將權力大位交予蔣經國，應該與之密切相關。

接著他說：「十年之前，見國家之衰弱，人民之痛苦，強國之無理，軍閥之蠻橫，以為救國之道，共產主義為最急進之思想，共產方法方為最澈底之手段，故加入共產團體之時，豈未曾抱救國救民之志，完成革命之望。安知共產適為亡中國之道也，人當少年有剛銳之氣，無遠大之謀，乏忍耐之心，故思想易入歧途，行動近於激烈，兒往日之誤，即病有所不能忍耳。」

蔣經國還明確告訴蔣介石，承認他是托洛斯基的追隨者。六月二十八日，圖哈切夫斯基遭槍決之後兩個星期，他寫信給蔣介石說：「蘇俄政府成立以來，已有二十年歷史，此中政治變化、經濟改造不為不大。最近紅軍八大將領之鎗決，舉世皆為震驚。然若以之與過去數大政變相較，則亦不過一極平常之事，此乃蘇俄鞏固政府地位常用之法。至八大將領對於革命事業，皆立有殊功，而一旦犯法遂置誅殺，不問過去功，祗顧今日之政局，尤為蘇俄黨國一向待人之道。蓋人民兵士均應聽從黨國主義，而不能以領導者個人為神聖，乃蘇俄黨國教民之法，故每次政變發生雖被害者多為重要人物，而政治安定未曾引起何人反抗也。」接著說：「杜黑七夫司基乃兒所最敬佩之師，故其死亡使兒甚為不平。」杜黑七夫司基就是圖哈切夫斯基，間接承認他是一個托洛斯基主義者。

他並提醒蔣介石說：「在領袖之左右，必有企圖造反之人，而或即今日所謂最『忠實』之人也，不以言論，而以事業與行動考察左右，此乃用人之必要方法，以上乃兒對赤軍八大將領鎗決之感想。」這話，蔣介石絕對是心有戚戚焉的，因為，才在半年前，蔣介石最信任的陸海空軍副總司令張學良即勾結西北軍將領楊虎城，企圖在西安發動兵變，差點命喪亂軍之手。而蔣經國也在爾後的五十年中始終服膺這個簡單而多疑的規律，許多優秀而愛國的新生代由於觸犯了這個潛規則，或無法通過他的忠誠審查，而被永久置諸政治冰櫃，有志難伸。

蔣經國在蘇聯經歷了十三年艱難歲月，政治鬥爭的經驗告訴他，「此次政變要點在防備內部造反，杜氏等原本斯大林之耳目心腹，數十年來共同甘苦，到處作擁護斯大林之宣傳，安知其竟有反斯氏之陰謀乎。欲得勝仗須有千萬之眾，但如有敵人偵探留於參謀部中，則有一二匹夫即可殺千萬之士。」

要不是蔣介石、史達林聯合抗日的默契，蔣經國依舊是留滯在俄國如同人質的囚犯，蔣經國依舊是朝不保夕的尼古拉．維拉迪米洛維奇．伊利札洛夫同志，但從他踏上上海黃浦江碼頭的那刻起，尼古拉．維拉迪米洛維奇．伊利札洛夫同志已成為過去式，一個新的蔣經國誕生了。蔣經國以尼古拉·維拉迪米洛維奇·伊利札洛夫同志的角色忠告他的父親，即使面對耳目心腹，也要時時刻刻「防備內部造反」，這是蘇聯紅軍八大將領遭槍決的槍聲給蔣經國的最大震撼與感想，不過，他心中更大的震撼可能是他慶幸能及時回國，否則，以他身為托洛斯基及圖哈切夫斯基的學生的背景要在蘇聯這場整肅中全身而退，恐怕相當困難。

【溪口讀書】

蔣經國回到溪口老家，忙於軍政要務的蔣介石猶以函電耳提面命，規定各種功課，要蔣經國逐日學習，不得荒疏。

從蔣經國致父親家書中，檢視蔣介石規定蔣經國研習的功課內容，固非古代封建帝王教育儲君的「帝王學」課程，但起碼也是爲了訓練與陶鑄治國濟世的政治家，蔣介石無異開了一份氣魄恢宏的書單以作育子孫。

由蔣經國於民國二十六年六月十四日寫給蔣介石的第一封信可知，蔣經國返鄉之後，蔣介石交代給兒子的功課，在六月是「以研究三民主義」爲中心要課，第一週詳讀《建國方略》中之實業計畫……等，蔣經國並因此擬購一中國地圖，依孫總理計畫作成圖表，藉此更可詳知孫先生之建國主張，并能得吾國之地理知識。第二週則要讀完《三民主義之哲學的基礎》及《軍人精神教育》，對《三民主義》之全部作一極詳細之札錄。

由此看來，《三民主義》和《孫文學說》是蔣介石交代蔣經國最核心的必修課程，這也是蔣介石重新形塑蔣經國意識型態，施以民族精神愛國教育的重要途徑。

蔣介石施予兒子的「帝王學」教育的第二部分是他最重視的儒家思想教育。儒家思想是中國文化的核心內涵，所以他非常重視儒家思想教育，並視之為民族精神教育的重要內涵。因此，蔣介石要蔣經國熟讀《曾文正公年譜》，抄寫一遍《曾文正公家訓之要言》，研究比司馬光原著《資治通鑑》易讀易懂，由南宋袁樞寫的《通鑑記事本末》，而書法則臨摹唐代歐陽詢的《九成宮醴泉銘》碑體字。

蔣經國是個聰明人，他明白父親開給他這份書單的眞正意涵，是要將他去國十三年在蘇聯習得之偏差思維盡早扭轉過來。秉承中國傳統的孝思，蔣經國明知意識型態之事不是一、二天所能改變，但是，他還是在信上極力迎合父親的意旨，極力做反省和悔懺的工作。所以蔣經國在家書中表示要去除他自己心中的「惡劣思想」，並期許自己要「以孫總理之主義爲唯一思想，以吾父之事業爲一生志願，此兒今日志也。此後必將力折少年血氣之『勇』，勉忍小忿，而就救國之大謀，或可略副　大人對兒熱望也。」

儘管如此，證諸爾後蔣經國贛南經驗之所作所爲，滯留蘇聯近十三年之思維印記何能輕易抹去？其意識型態難以跳脫「布爾什維克」框架。

蔣介石爲他請了徐道鄰當家庭老師，指點他讀古書，寫文章，練毛筆字，把《孫文學說》、

《三民主義》及儒家思想等灌輸給蔣經國，期待蔣經國知今是而昨非，陶鑄成具備三民主義思想的革命青年。

蔣經國這段埋首讀書的時間並不算長，從民國二十六年五月到民國二十七年一月，他在溪口老家閉戶讀書八個月。

談起蔣經國的老師，吳稚暉應該是第一人，這位主張無政府主義、首倡勤工儉學的國民黨黨國大老是蔣介石相當推崇的老師。所謂經師、人師，吳稚暉不僅僅是蔣經國的經師，更是蔣經國的人師，在某些作風上，蔣經國有吳老的形影，惟獨無政府主義找不著一丁點痕跡。

要以八個月的「補習」銜接之前十三年的學習斷層談何容易，更何況，這段時間正是蔣經國人格形塑過程中最重要的一個階段。換言之，蔣經國的青年時代是完全在蘇聯度過的，即便是一塊鋼，也已經融入蘇維埃的大洪爐裡，淬煉、形塑爲不折不扣的布爾什維克。蔣經國會因爲父親給他開的一長串書單而澈底脫胎換骨嗎？

即使閉戶讀書，和外界處於半隔絕狀態，蔣經國仍未忘情蘇聯——在往昔潛意識中視之爲「祖國」發生的各種事件，並透過委員長寓所取得資訊便利的機會，隨時隨地取閱有關蘇聯的最新時事。這正足以說明蔣介石爲兒子設計的「洗腦」課程和蔣經國定型的思維存在著若干枘鑿難容、扞格不入的矛盾。

例如其於民國二十六年六月二十一日給蔣介石的信，說：「前日兒詳讀大人在報上所發表

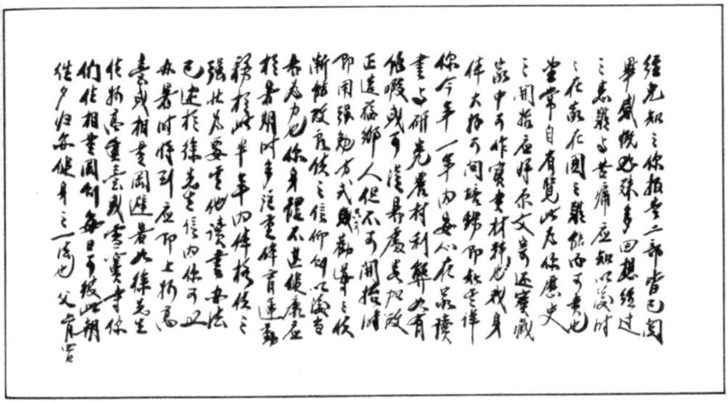

民國二十六年六月四日家書。

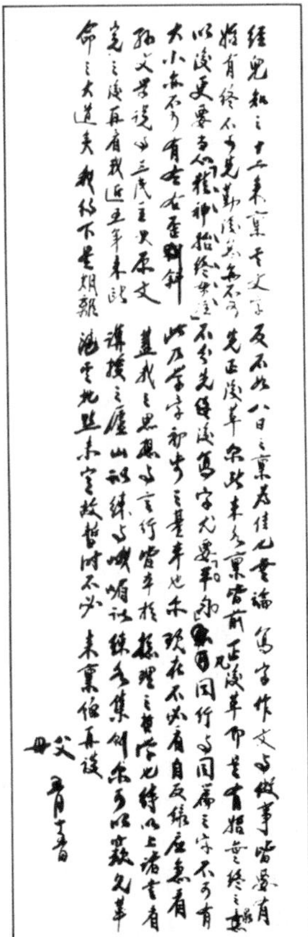

民國二十六年五月十五日家書。

吳稚暉先生水葬紀念亭。吳稚暉不僅僅是蔣經國的經師，更是蔣經國的人師，在某些作風上，蔣經國有吳老的形影，惟獨無政府主義找不著一丁點痕跡。

之大學生暑期服務談話，此誠今日救國之要舉，吾國自古以農立國，農業經濟即國家經濟。但因年來內憂外患，農業日趨凋敝，農民日益貧困，故復興農業，實為目前復興民族最急之務。而服務鄉村，不但教導農民，同時習練勤儉、誠實之生活，多采農民之意見，尤為大學生在農村服務時應取之態度。我國數十萬之學生，如能在暑假期內全數散布農村，勤懇為社會服務，必能得極大效果也。……兒現已讀完《孫文學說》、《三民主義》、《建國方略》、《軍人精神教育》及《三民主義之哲學的基礎》諸書，刻正開始詳細摘記各書要點及兒個人見解。」

蔣經國在寫這封家書時，腦中是否仍留有蘇聯集體農場之形影猶未可知，但其主張大學生「在暑假期內全數散布農村，勤懇為社會服務」，不又與史達林實施指令式計畫經濟，學生大量投入集體農場的場景若合符節？

〈附錄〉夾處兩母之間的孤臣孽子

「孤臣孽子，愁悶孤獨，操心也危，慮患也深」，這十六字是蔣經國一生之心理寫照。何以致此？這牽連非常複雜繁多的因素，要言不繁地講，這些千絲萬縷的關係源自幾個主要面向，源自父親蔣介石與母親毛福梅夫妻關係的形同冰炭，中途仳離，源自對母親毛福梅處境艱危、孤立無援的憂憤，源自蔣經國與庶母宋美齡之間的微妙關係……，這使得蔣經國陷於一種高度壓抑的孤臣孽子情境中。

民國二十八年十二月十二日，日本軍機大舉轟炸其浙江奉化溪口的故居，蔣經國的母親毛福梅躲避不及，一面傾倒的土牆正巧壓在她的身上，當場被土牆及彈片傷及，肚破腸流，氣絕而亡。悲劇發生之初，現場一片火海，鬼哭神號，處處狼籍，瞬間變成了瓦礫堆，被壓在土牆下的毛福梅未被發現。蔣介石接報後即以特急電報通知在江西的蔣經國，說：「頃接張愷電稱，家中被炸，爾生母無蹤，恐有不測，將生亦受傷，希即請假回家，照料理一切爲要。」

關於毛福梅死難的詳情，蔣介石在事件發生後十天發給在美國考察美軍的次子蔣緯國信函中有較爲詳盡的敘述，說：「溪口家中與樂亭皆被敵機炸毀，經國生母不幸在屋後單家牆門之倒牆壓死，宋甥將生亦死，全村約毀屋八十間，死二十人，皆在三房與四房之間地區，餘皆無恙。家中事已有經兒歸家料理，喪事亦已辦妥，勿過哀傷，望努力求學，以報家國。」

毛福梅是蔣介石結髮元配，因毛福梅出身農村，學歷不高，與蔣介石之間情感素來不睦，但是，毛福梅之死，蔣介石也相當錯愕、憂戚，他在十二月十四日給蔣經國的電報上透露了內心感受，並交辦處理毛福梅喪事的原則，他說：「刻與贛縣接電話，據報昨日已起程回奉，想今夜可到家，家事至此，悲戚無已，惟事由天命，只可達觀處之，當以報國者報家也。家中喪事，在此亂時一律從儉、從簡，不宜張皇登報發訃，免敵多一宣傳材料。我意世事前途不能預測，如能從速安葬更妥，其葬地可在摩訶殿後面大樹附近，此地幽靜，必能安定也。如何？望與大姑母等商定可也。將生甥傷勢如何，甚念，希代慰大姑丈母與其家屬衷懷。」

蔣介石心細如髮，遠在重慶，心神卻與蔣經國同在溪口老家，但是，他考量的重點不僅只於喪事本身，重點在此事在政治上可能牽動的陣陣漣漪。

在避免予敵人「多一宣傳材料」的前提下，「秘不發喪」、「一律從儉從簡」、「從速安葬」的三個原則就是蔣介石交代蔣經國處理毛福梅後事的準則。這事若發生在一般悲痛逾恆的孝子身上，肯定會引爆父子矛盾，畢竟母子連心，母親慘死於日寇炸彈，竟然強要祕密下葬，且不得對外發喪，如此安排，若非有深沉之理智，完全壓抑激越情緒，常人是萬萬難以消受的。蔣經國面臨如此悲憤情境，猶能遵命行事，更見其慮患之深，與孝父之誠了。

但是，於私，蔣介石也有一番說詞與思慮，他唯恐日機再到奉化侵擾、濫炸，因此，覺得毛福梅葬在摩訶殿後仍非穩妥之地，在十二月十八日給蔣經國的電報上說：「葬地如在摩訶殿後，離村莊太近，恐遭轟炸，則應另覓較遠之處，如在上山橋頭，現在兵房附近，擇一墓地安葬，似較妥也。……。喪事後，家中如不便居住，你可移住慈菴莊屋也。此次居鄉應略久，以便整理家務，你當告假二、三月，派員代理爲妥。」

十二月十九日，蔣介石又電蔣經國，交代他再找別的地點葬毛福梅，並且要蔣經國不要聽信風水堪輿之說，這說明外界常稱蔣介石信風水，其實完全是一種以訛傳訛的扭曲。蔣介石此電說：「上山橋頭如無相當墓地，則在顯靈廟東首，即馬鞍山東北山腳，或可覓得一地，惟不可聽鄉人講風水堪輿之說，而只擇高朗之地，如其無水蟻之患足矣。」不久，蔣介石又補發一電報給蔣經國，說：「本日為祖母誕辰，諒在慈菴祭祀。回念家事，無任惶惶，惟望爾兄弟能立業光前也。葬事待明春再舉亦可，你待家事料理完妥，可仍回任服務……。」憂惶之念躍然紙上，但仍不忘鼓勵蔣經國墨絰從公，移孝作忠。

毛福梅意外遇難，在蔣經國內心造成了巨大的創痛。少年時代，他感覺到父親和毛福梅感情並不融洽，未料，遠赴蘇聯途中，民國十六年十二月，父親與母親仳離，與宋美齡結婚。蔣經國雖然遠在蘇聯，父母離異形成的心理陰霾如影隨形，他卻只能壓抑心中，莫以名狀，況且，離國十三載，回國不過八個月，又赴贛任官，鮮少承歡毛福梅膝下，遭此巨變，尤其悲慟逾恆。民國三十四年一月十四日，蔣經國在寫給蔣介石的一封家書說：「兒此次在渝得與大人談及家事，心感歡樂，但在離渝之前二夜，當拜讀大人在兒日記本上批示之後，心中未得一時安寧，且曾痛哭數次。兒回國以後第一次哭泣，是在杭州初次拜見大人之時。第二次是在溪口家鄉當兒生母罹難之日。……此次受大人之感動而數次流淚，乃第四次也。」

母親死於日寇狂轟濫炸，蔣介石復以不讓倭寇有可資宣傳的題材，諭令蔣經國要低調處理毛福梅後事，令其情何以堪？

尤令蔣經國悲憤莫名的是日軍在民國三十年春多次侵擾奉化故里，這段期間的蔣經國始終處於焦慮、憤懣的情緒，難以平撫。五月十九日，蔣經國寫信稟告其父，說：「此次敵軍擾侵浙東故鄉盧舍，祖先墳墓備受蹂躪，國難家仇于斯已極，每念及此，終夜不能成眠，今後祇有埋頭苦幹，盡忠黨國，以期報此不共戴天之仇。」

未幾，蔣經國復又得知日軍拆毀毛福梅的墳墓，稍後連棺槨也遭賊人掘開，讓蔣經國既驚駭又悲憤，但消息未經證實，只是故里輾轉傳來之音訊，而他又未便親往已經淪陷的溪口一探究竟，因此備感焦灼、苦悶。為此，蔣介石父子之間函電交馳，為了安撫兒子，九月二十日，蔣介石親筆寫下致蔣經國電文文稿，說：「皓電悉，此消息不必可信，寇或藉此以試探吾家人對此之心理如何，如我著急，則寇更進一步對我祖父母之墳墓亦將加以破壞為恫嚇，故此事無論其虛實，即使果有其事，亦已成過去，著急亦無能挽救。昔漢高祖之父，被敵軍所俘，敵藉此要脅漢高祖，乃以『願分乃父一杯羹』，以示決不以家人為念之意。吾人立志革命，早以為國忘家，只求對民族子孫能永久獲得自由獨立，則一家之生死尚且不顧，何惜死後之屍身，故不必過於悲痛，應以革命大業之成敗為懷也。此時可由學校間接派人設法探視，如其實在，則再託人殮葬，總不使寇獸藉此要脅，以示吾人心理上之弱點也，至於暴屍在外之說，余決不能信，希兒亦寬懷勿過憂傷。總之，此事以岩頭舅家為名，派人照料最為相宜，以寇獸決不能將收屍之外親牽累也。」

蔣介石擔心蔣經國無以釋懷毛福梅墳頭遭破壞的消息，翌日又發了一封特急電報給蔣經國，說：「昨電諒達。未知兒意如何決定，惟對武嶺學校應先復一電，其大意如下：電悉，此事恐係謠言，未必眞實（原件中有一段話是蔣介石刪掉的文句，刪除之全文為：我家上下早以犧牲救國，即使有此事，其實亦不足爲異，先人求仁得仁，遺體雖毀，其靈亦安。）但既有此消息，請派人前往墓地省視，如墓柩果毀，望代爲在原地埋葬，不必移墓等語。一面速派可靠鄉人或親友，前往溪口附近，與當地縣府軍警極秘密探察究竟。以余判斷，決不致暴屍天外，可勿過慮。岩頭如有人能代辦更好，否則亦不必強勉，以免鄉人起謠，更使寇獸有此要挾也。」

所幸，蔣經國對父親的意思心領神會，他明白，於今之計，除了按照父親的計策，堅定意志，不受敵人裹脅，別無他法。九月二十四日給蔣介石發了一通特急電，答覆稱：「哿馬二電拜悉，諭以大義，以漢高祖爲法，公爾忘家，兒不勝感奮涕零。暴屍在外，兒亦不信，即使是事實，爲表示吾人革命決心，亦決不受敵威脅，茲已遵諭電復武嶺學校，并電在永康之毛母舅，設法派人探視。兒對此事已不過於悲痛，乞釋念，兒遠離膝下，已將一年，眷念無似，決於十月底來渝，以補定省有闕之罪，不知大人之意如何？」

毛福梅墳墓遭敵寇破壞之事，之後證實並非空穴來風，爲此，蔣經國在十一月七日給父親的信上充分表露了他內心難以言宣的深沉悲傷，他說：「武嶺學校來信，兒生母之墓被敵人拆毀後，靈柩亦遭盜賊開拆。後來，以我方無動靜，敵人見計不售，乃聽由鄉人將靈柩蓋好。兒早存移孝作忠之心，故對此事已坦然於懷。武嶺學校方面已匯去五千元，作爲校費及分贈親友之用。」

民國三十四年二月二十五日，毛福梅亡故已過六年，蔣經國回顧往事，在致父親信上，仍三復思言，指陳生母之死是他畢生最悲痛之事，說：「兒於上月三十日深夜含淚上機忍痛離贛以來，無時不在憂念苦愁。兒生母之亡於敵手，以及贛州之陷於敵軍，乃一生所最感痛心之事，亦終身所不能忘者。」

體念父親與宋美齡的婚姻關係，顧及與宋美齡之間微妙的「母子」關係，蔣經國必須謹慎地處理若干問題。小自應對進退、晨昏定省，大至家事、國事，凡涉及宋美齡者，蔣經國無不小心應對，從來不敢稍有造次。生母毛福梅後事之處置，基於父親關照，既不能過於張揚，可是為人子者又不可草草了事，故讓蔣經國大傷腦筋。受到戰爭的耽擱，毛福梅的安葬事宜到民國三十六年才告一段落，諸如墓地的選定、墓誌銘的撰寫、墓碑的題字落款，在在讓蔣經國大費周章。

蔣經國在民國三十六年三月二十四日致父親的信上說：「生母前之墓碑已遵大人之意請吳老先生書寫。」民國三十七年二月一日的信上說：「一、關於為生母立墓碑與作傳事，兒定遵諭辦妥，附呈吳老先生有關墓碑評論一則，敬請大人一閱。」信中的「吳老先生」即吳稚暉。

蔣經國自己先寫就了一幅碑文樣稿，上面以毛筆寫了「蔣子經國生母之墓」八個大字，吳稚暉就在蔣經國的樣稿旁邊寫「生母習慣指妾，不可用。不用蔣母毛太夫人以誌特殊。毛太夫人，實為經國先生之顯妣也」，接著在一旁寫下「顯妣毛太夫人之墓」八個大字取代，並註腳說明：「稱不可表以為母氏也，凡子女以母氏為太夫人。」為了這一方石碑，吳稚暉設想得面面俱到，銘刻「『顯妣』毛太夫人之墓」，而不是銘刻「『蔣母』毛太夫人之墓」，既顧慮到蔣介石，讓他在宋美齡面前好交代，不致讓宋美齡吃味，同時也顧慮到了蔣經國的立場，畢竟毛福梅是蔣家為蔣介石明媒正娶的元配，假設連「顯妣」二字都不敢用，那不光是對死者毛福梅不尊重，更對孝子蔣經國不公道。

為毛福梅立碑，最後定案的題字是「顯妣毛太君之墓」，落款處則銘刻「男經國敬立」。

將毛福梅生前事略編入家譜亦是抗戰勝利後蔣家一大盛事。蔣經國奉父命委請吳稚暉寫就母親的生前事略，但是，他也考量到父親蔣介石的多所顧慮，因而除了刻意避免事略中某些措辭引起宋美齡不悅，事前也曾敦請吳稚暉規避，等吳稚暉寫好，蔣經國將毛福梅傳略、祭母文、墓碑碑文等內容全部呈蔣介石過目、定奪，蔣經國完全聽從父親意思辦理，個人完全不表達強烈意見，只扮演被動角色。故而，蔣經國在民國三十七年六月二十八日給父親的信上寫道：「前奉諭，託請稚暉先生為兒生母作一傳，以備刊入家譜，兒之衷心感動萬分，曾為此親謁稚暉先生，作數次之長談，並以生母事略與祭母文，送稚暉先生參考。在事略與談話中，皆曾特別指出，生母與大人離婚後，由祖母收為義女一節，并懇請稚暉先生對於此點在傳中加以敘述，日前接奉稚暉先生手書，并附生母傳一篇，但此傳『但敘母子不涉夫婦』，此乃稚暉先生自己之意思，與大人之本意，以及兒之所請者，自有出入，但亦未便再向稚暉先生提出修改之意，故將稚暉先生手書，與其親書之兒生母傳，以及曾供稚暉先生參考之事略與祭母文，呈請大人核閱，兒一切決遵大人之意而行之，請勿以兒意爲念。」

換句話說，吳稚暉不僅不認同蔣介石父子以「蔣經國生母」稱呼毛福梅，更不認同蔣介石把毛福梅與蔣介石離婚後，曾由蔣母王太夫人將毛福梅收爲「義女」的情節，納入蔣經國母親毛福梅的傳略及祭文之中，因爲，蔣介石的母親王采玉將毛福梅收爲義女是爲免毛福梅離開蔣家的權宜之計，此爲王采玉、蔣介石和毛福梅三人之間的事，和蔣經國毫不相干。吳稚暉意思至爲明顯，蔣介石要註明此事，應是避免宋美齡之吃味，但是，事略與祭文的主人公是蔣經國，並非蔣介石，故而根本無需以此狗尾續貂。

由此可證此時之蔣經國內心之壓抑，以及爲了不致影響蔣介石與宋美齡之關係，他表現了他完全不在乎任何安排，一切以父親之意旨爲意旨。關於毛福梅的歸葬事宜及立碑、傳略、祭母文，實際上最後都有蔣介石干預的影子。例如，吳敬恆寫的毛福梅墓碑碑文是「顯妣毛太夫人之墓」，然而，蔣介石最後拍板的墓碑碑文刻勒的卻是「顯妣毛太君之墓」，這最後手筆乃是蔣介石修改後的結果，說明蔣介石仍覺得以「夫人」稱呼毛福梅似有不妥，爲免造成宋美齡不快，故修潤成「太君」二字。按唐宋之間，凡四品官都可稱死去的母親爲「太君」。

蔣介石的「黑色十二」

蔣介石一生的災厄似乎都與「十二」這個數字脱離不了干係，成為蔣介石終生的隱痛。

民國十八年八月「十二」日，蔣介石在上海險些遭刺客暗害，一個月前，宋美齡也不慎流產。因此，是年七、八月，蔣介石可謂正在走霉運，不幸中之大幸，歹徒行刺未遂，只是虛驚一場。

按蔣介石侍從人員的記錄《蔣公侍從見聞錄》記載，這次行刺事件大致情形是這樣的：「民國十八年七月，我政府發表外交方針，為防止赤化，決心收回中東路權，並宣佈蘇俄種種不法事實與對俄交涉內情，俾使全國軍民瞭解俄國對中國間接侵略之罪惡陰謀，至是，蘇俄立即對我宣佈絕交，俄軍並於八月初在琿春、滿州里等處挑釁。領袖即電令張學良，一面忍耐交涉，一面加強戒備，避免事態擴大，不使其奸計得逞。

領袖蔣公外交謀略與軍事部署使共黨及左派份子惶惶不可終日，亟欲除之而後快，乃於八月十二日晚間策動警衛排人員，於傍晚時分，在上海愛多尼亞路十二號寓所，企圖行刺領袖，幸為特務隊便衣警衛所發覺，並機先採取斷然處置，使此一圖謀不軌突發之事件能以迅速遏止。」

然而，導致宋美齡流產的原因，並非如坊間報導，與刺客意欲行刺蔣介石沒有任何因果關係，因為，早在七月二十六日，蔣介石在致陳立夫的一封密電上就已經提及宋美齡流產之事，他在這封電報上寫道：「中到滬目疾漸愈，而家人小產病劇，故須告假數日。」證明宋美齡流產與行刺事件無關，但宋美齡確因第一次懷孕即流產，隨後又因習慣性流產，終致畢生不孕。

行刺事件是蔣介石遭逢的第一個「黑色十二」。

民國二十五年「十二」月「十二」日爆發變生肘腋的西安事變，險些命喪張、楊叛軍之手，這是蔣介石遭逢的第二個「黑色十二」。

民國二十八年十二月十二日，又是個敏感的「雙十二」，這是蔣介石遭逢的第三個「黑色十二」。這天，日本軍機大舉轟炸他浙江奉化溪口的故居，蔣介石的元配毛福梅躲避不及，一面傾倒的土牆正巧壓在她的身上，當場被土牆及彈片傷及，肚破腸流，氣絕而亡。

【贛南小蘇聯】

抗戰軍興，上海和南京相繼淪陷日軍之手，蔣經國奉命離開溪口，出仕江西。

出人意表的是，蔣經國剛開始任官，居然就被任命為江西省保安處少將副處長兼江西省政治講習學院總隊長。在蘇聯時，蔣經國主要的工作歷練是埃爾他金礦場《工人日報》的主編，以及斯夫洛斯克地方烏拉重型機械廠副廠長，並無任何軍中資歷，竟然能直接任少將副處長，蔣經國的弟弟蔣緯國，德國慕尼黑軍官學校畢業，曾在德國任少尉軍官，回到中國之後，亦不過跳兩級，從上尉幹起。兄弟兩人所受待遇如此天差地別，除了直屬上司熊式輝對蔣經國的另眼看待，只能解釋為這是蔣介石對闊別十三載、受盡艱辛困頓的兒子，另一種形式的補償。

二十八歲的蔣經國雖然因著父親的光環擔任贛南方面大員，但他並不恃寵而驕，他在工作上力求表現，且藉著家書不斷表達他的積極性與洞察力，爭取父親之青睞。

從蔣經國在贛南各種作爲觀察，與其說他想在贛南建立「三民主義模範區」，不如說他想在這個曾經是中共蘇區根據地建立一個以民爲本的「小蘇聯」，或者說是要建立一個「沒有共產黨的共產主義天堂」。在那個共產黨仍被當成毒蛇猛獸的「第二次國共合作時期」，也唯有他能受此優遇，在贛南地區關著門搞「沒有共產黨的共產主義天堂」。

蔣經國究竟要如何建立一個「沒有共產黨的共產主義天堂」呢？從他給父親的書信中，可以看出幾個重點方向。

第一，在贛南建立一個「統一的青年組織」。民國二十七年三月二十五日，上任保安處副處長兩個多月，蔣經國在致父親的家書上建議按階級比例建立一個「統一的青年組織」，他說：「今日中國之青年有熱情，而無工作方法與正確政治路線……，故統一之青年組織，實非常需要，並爲澈底執行民族解放之歷史任務，組織分子之比例，應以農民、工人之數量爲最多，學生、教員，以及各種自由職業者、商人資本家之數量爲次要成分。一切革命青年，凡切實接受本團團章，確能爲民族、民權、民生主義而奮鬥者，皆可加入。」究其本質，蔣經國這個青年組織的組建方向，其實和蘇聯「共產主義青年團」大致雷同。

第二，在贛南大力興辦「青年工廠」，使教育與生產相聯，訓練與勞動並重。他向蔣介石詳細說明了這種青年工廠的性質，說：「今已訂定該工廠辦法大綱：一、本廠收容失業失學青年，在二十五歲以下，以五百人爲限。二、本廠資本以三萬元爲最高額，月息收入備充工人教育家專款。三、本廠產品以肥皂、布疋、毛巾、印刷、棉、紗布、皮鞋、竹器及其他日用必需品等。四、選擇優秀青年送往各工商處所屬各廠實習，以備將來回廠作指導工作所需。」並希望蔣介石設法撥款給他，「兒自當謹愼辦事，使該廠成爲訓練青年之生產學校。」

第三，效法蘇聯共產黨，強化黨員的廉潔操守。爲激發公務人員之愛國熱情，使人人努力於工作與事業，蔣經國「特規定本行政區公務人員服務公約十二條。一、信仰三民主義。二、絕對服從命令。三、遵守政府法令。四、接近廣大群眾。五、尊重民眾意見。六、實行自我教育。七、愛惜公家物品。八、不怕死不偷懶。九不嫖賭不貪財。十、不招謠（按：應爲不招搖）不驕傲。十一、養成高尚人格。十二、鍛鍊堅強體格。」要求嚴格遵守，以維持極高的革命道德標準。民國五十年代後期，蔣經國在台灣接班，也曾經提出「十項行政革新」，並以類似的信條精神規範台灣的黨政軍及公教人員。

蔣經國主張建立以農民、工人爲主要成員的青年組織，其實即爲列寧、托洛斯基提倡之「職業革命家黨」之翻版。蔣經國採用蘇聯共產黨的指令式計畫經濟治理江西，但也兼容並包中國傳統的手法。爲建立「沒有共產黨的共產主義天堂」，蔣經國效法父親蔣介石軍事剿共的手段，並採行曾國藩以地方團練剿匪的手法對付在江西建立蘇維埃的「赤黨」。民國三十年四月十七日，蔣經國從贛縣縣政府寫信給蔣介石，說：「最近在贛交界邊區，發現共產黨活動，人數約八十人，并帶有武器，兒已組織清鄉工作團，在該地清剿，上星期已將其負責人之一在南康境內擊斃，并有二十餘人要求自新，此股匪黨不日即可解決矣！」這證明蔣經國絕非僅止於空談。

要如何實現「共產主義天堂」夢想？蔣經國津津樂道地向父親提出他的〈贛南三年計畫〉、〈贛南第二次五年計畫〉。雖然抗戰時期國共進入第二次合作階段，但是，除了蔣經國，其他封疆大吏有誰敢做同樣的事？殺共產黨殺紅了眼的蔣介石會任令其他封疆大吏這麼做嗎？

和蘇聯的指令式計畫經濟一樣，〈贛南第二次五年計畫〉自然有一些漂亮的口號做包裝，如「（一）人人有工作，（二）人人有飯吃，（三）人人有衣穿，（四）人人有屋住，（五）人人有書讀。」「人民的義務與權利。（一）人人要勞動，（二）人人要讀書，（三）人人要當兵，（四）家家穿得暖，（五）家家吃得飽，（六）家家住得好。」

但是，徒法不能以自行，空有口號畢竟成不了事，為了具體落實建立「沒有共產黨的共產主義天堂」的理想，最簡便的方法便是照搬蘇聯的建設經驗。

儘管蔣經國在給蔣介石的信中強調，建設新贛南之目的在於「完成整個三民主義國家之建設」，「有計畫、有組織的運用人民勞動」，「各盡其勞動義務，各享其生活權利之三民主義新社會」。然而，從蔣經國的一些具體作法看來，很明顯的是，他在贛南實施的政策，基本上是模仿蘇聯的建設經驗。他在〈贛南第二次五年計畫〉中，說：「新贛南之經濟建設，應以發展公營及合作事業爲其主要形式，實行人民義務勞動，發展社會公用事業，同時在政府計畫和統制之下，獎勵私人投資，使每個人民均有參與勞動之機會，而在人民方面，亦應以參加社會勞動爲無上之光榮。每個男女壯丁，每年應爲社會做義務勞動工作三百六十小時（五年工作共值七十萬萬元）。」

但如稍微深入觀察就會發覺，蔣經國這些構想存在著牛頭不對馬嘴的荒謬性，因爲，要將蘇聯的「工業建設計畫」移植到完全屬於「農村經濟型態」的贛南，無異是空中樓閣、水中撈月的浪漫空想。蔣經國幻想在江西「運用科學技術改良生產方法——工業機械化、農業工業化，樹立重工業之基礎。動力類——電廠。機械類——機械廠電機廠、無線電廠。化學類——火柴廠、電池廠、漂染廠、染料廠、製革廠、紙廠、酒精廠、煉油廠。紡織類——麻織廠。飲食類——碾米廠、罐頭廠、麵粉廠、糖廠。文化類——教育用品廠、文具廠、玩具廠、印刷廠。冶鍊類——鋼鐵廠。土木類——瓷廠、水泥廠、鋸木廠、建築公司。」

在〈贛南第二次五年計畫〉中，蔣經國想要在「農村工業公司手工業社」，五年之內共投資五十億元，其中百分之七十投資於工業，百分之三十投資於農業，又工業部門之百分之七十投資於重工業，百分之三十投資於輕工業，體現了蔣經國要在贛南複製一個「小蘇聯」。

別說贛南的建設有照搬蘇聯指令式計畫經濟模式之嫌，就是三十年後，蔣經國在台灣的

台灣圓了蔣經國在贛南未竟的「俄」夢。

「十大建設」，都還有輿論批評蔣經國仍舊在照搬蘇聯經驗。青年時代的蘇聯經驗深深烙印在蔣經國的腦海，成爲他思維和工作的固定模式，至死不逾，「十大建設」彌補了他在贛南的遺憾。

模仿蘇聯史達林計畫經濟的〈贛南第二次五年計畫〉還包括都市改建計畫，建設現代工商業中心城市，鼓勵老百姓多生小孩的獎勵生育計畫，提倡體育，健全體格，推行衛生，延長人壽，將戰時的人口年增率增加到百分之七等措施。

〈贛南第二次五年計畫〉的蘇聯特色更突顯在民生必需品的供應上。蔣經國向蔣介石畫出贛南五年之後的民生富裕的遠景——「平均每人每年可消費棉織品二丈五尺，毛織品一尺，皮鞋一雙，糖十斤，肥皀三斤，白米四百五十斤，肉四十六斤，蛋三十六個，住屋面積每人平均四平方公尺。」在物資匱乏、民不聊生的戰爭年代，這樣的遠景讓人翹首企盼。

蔣經國並計畫在贛南「成立大學，設立科學館、藝術館及職業學校，普設托兒所、幼稚園，增設國民學校、民眾教育館」，強調要「提高勞動人民之智識水準（設立農民學校工人學校）」。

在交通設施方面，要「做到逢山開大路，遇水架橋樑，鄉鄉通汽車，村村裝電話的地步」，並且要「疏通大小河道，便利水道運輸」，「每三鄉設立無線電台一所，靈通各地消息，設立造車工廠，大量製造各種車輛，五年之後，平均每家要有一輛手運車，每十家要有一匹騾馬，每一萬家要有一輛馬車，每兩萬家要有一輛自行車（共要有三十萬輛手運車，三萬匹騾馬，三千輛馬車，一千五百輛自行車）」。

蔣經國自詡要把贛南擘畫成「一個人民的勞動生活樂園」，他的規劃是「江西第四行政區十一縣，將大庾、崇義、上猶劃分第一重工業中心區（礦）；贛縣爲第二重工業中心區（機械）；龍南、定南、虔南爲輕工業中心區；尋鄔、安遠爲手工業中心區；各縣普設電廠、天文台、廣播電台；大庾之白溪，崇義之聶都，開闢成爲風景區，並建築療養村莊，在大庾、龍南、信豐溫泉地方建築旅行社」。

總結起來，蔣經國在贛南構築共產主義天堂的目的，心心念念仍是以老百姓的生活爲根本考慮，而非純係浪漫共產主義之空想。若干年後，蔣介石因國共內戰失利而下野，在巡訪家鄉農村建設時有感於中國農村之嚴重落後，在日記中寫道：「當政二十年，對於社會改造與民眾福利毫未著手，此乃黨政軍事教育人員只重做官而未注意三民主義之實行耳。今後對於一切教育，皆應以民生為基礎，亡羊補牢，尚未為晚也。」

列寧、托洛斯基鼓吹的「職業革命家黨」、建立「先鋒隊政黨」，以及在全世界進行永久革命（或譯「不間斷革命」）等政治主張，不只內化為蔣經國內心世界的一部分，更成為他政治生活中不可或缺的思維元素。是以，民國二十八年六月二十三日，蔣經國在江西省保安司令部督練處寫信給蔣介石說：「兒自接事以來，贛南各縣城皆先後被炸，故最近特別注重防空設備之加強，及救護工作之推進。贛市已成立救護消防各四隊，由兒兼任救護總隊長，各隊隊員皆有勇敢之服務精神，每次不待警報之解除，機聲甫息，兒即率領隊員馳赴投彈災區工作，四次轟（按：疑漏一「炸」字）以來，經救護隊隊員開掘倒坍房屋及防空洞，救活二十三人，兒親自開掘一坍牆，費力三小時，曾救活母子二人，第三次轟炸時敵投彈最多，大半為燃燒彈，中國銀行被炸起火，兒率領消防隊拆屋、運沙、打水，各公務人員均奮勇參加，故火勢未能蔓延，損失甚少，此乃兒一生所最快樂之事。今後自當更加努力，期以稍慰大人之望。」

並說：「轉移風氣，為修明政治之先決條件。現已開始嚴禁煙、賭，實施以來甚得社會人士之同情，此間江西政治講習院有學生一千二百名，兒甚望彼等能加入三民主義青年團，但江西團部尚未成立，不知可否在該院組織臨時團部，辦理入團手續，蓋學生即將畢業分派到各地工作。」

奮勇救火、嚴禁煙賭不僅僅展現了蔣經國自我期許的「職業革命家黨」、「先鋒隊政黨」的革命形象，更印證其既然身爲「先鋒隊政黨」、「職業革命家黨」的一份子，當然要竭盡所能，把全付心力扮演好這個角色。

蔣經國復於十月二日在江西省第四行政區動員委員會寫信給蔣介石，在字裡行間不斷強調其「先鋒隊政黨」、「職業革命家黨」的熱忱特質，他說：「兒於中秋節在贛州發起舉行官民同樂會，參加者除公務人員外有農民八百六十名，官民擠擠一堂（按：應爲濟濟一堂之誤），極爲融洽，尊重民意與集中人才爲修明政治之主要條件，故擬組織設計委員會，吸引士紳及教育界人士，協助政府推行政令，使地方行政更能積極化。最近航空委員會在贛州南門外建築機場，兒已動員民工一萬三千名在該地工作，并於前日集合各機關職員及三民主義青年團團員共八百名，在機場服務，兒亦與民工共同勞動，擔任挑土工作九小時中共挑四十六擔，比其他民工多挑七擔，身體雖覺疲乏，但精神則得到極大之興奮，蓋全場之民工皆因此而更加努力矣。現將民工編成十二大隊，實施軍事管理，注重於各項工作分配之合理化，并組織宣傳慰勞隊，在機場工作，使機場能早日完成。」

蔣經國非常清楚父親反共之決心，他亦深知國民黨在政權上的最大對手是共產黨，但是，他在江西落實的卻是要建立一個沒有共產黨的共產主義天堂，儘管反共口號掛在嘴邊，但在具體作爲上卻是時時刻刻「以俄爲師」。他在民國三十一年十月二十四日給父親的信上明確建議說：「接胡世杰同志來信，知其已由蘇聯返國，胡君曾談及蘇聯戰後之各種設施，如有機會，兒甚望能赴蘇，……將來可作爲我國建國、建軍參考之處定多。」蔣經國寫此信時，已離蘇返國五年有餘，尚且念念不忘蘇聯，足證蘇聯營造的「共產主義天堂」在蔣經國心目中之烙印何其深刻。

然而，蔣經國太濃厚的蘇聯色彩，平日言必稱蘇聯的習慣也曾經爲自己闖下禍端。抗戰初期是中蘇關係的蜜月期，蘇聯爲了降低其遠東地區的日本侵略壓力，一度給予中國大量軍援物資，包括戰機和槍、砲等，期望中國阻擋日本的軍事威脅，民國三十一年以後，由於蘇聯與納粹德國的戰爭打得十分艱苦，必須全力對付德國，援助不若以往，加上美國已開始大量軍援中國，蔣介石擔心蔣經國太過於接近俄國人或強調蘇聯色彩，可能引起美國敏感或不悅，因而再三告誡蔣經國應該在言行上節制。

蔣經國因此特於民國三十二年二月十二日寫了一封信給蔣介石，說：「兒前次在曲江，並未住在俄國顧問招待所。內有一砲兵顧問，爲兒在俄時之同學，上次由渝返贛時，曾相遇於火車中，故此次特去訪問，並應約曾與媳赴宴一次，今後自當避免與彼等見面，兒自知處境特殊，一切自應謹愼，請大人放心。」婉言解釋他與一名蘇聯顧問接觸的經過和原由，以後並會避免再和這位蘇俄顧問碰面。

贛南時期，由於蔣經國做事不講情面，大公無私，雷厲風行，因此有人以「蔣青天」稱呼他。究竟他在贛南如何以最短的時間讓贛南大治？而他又在家書中呈現了什麼樣的政治風貌，讓他的父親對他的勇於任事、勤於政務，刮目相看？

民國三十年五月十九日，蔣經國從贛縣政府寫了一封信給蔣介石，說他「自服務社會以來，無時不牢記『民饑我饑，民寒我寒』之明訓。」其實，蔣經國的政治生活始終以「民饑我饑，民寒我寒」這八個字爲核心思想。本質上，自俄歸來的蔣經國就是一個以民本主義爲中心思想，以「職業革命家黨」、「先鋒隊政黨」成員精神爲動力的革命家，與其他腦中尚留存濃厚傳統「牧民」思想的國府官員實大異其趣。

尤其，眼見贛南父老面臨日本侵華之戰禍，與自然不可抗力之災難，蔣經國「民饑我饑，民寒我寒」的情懷更是躍然紙上。民國二十八年七月二十四日，他在寫給父親的家書中不勝感慨地說：「贛南安遠縣水災慘重，兒於本月十一日親往勘驗，但見哀鴻遍野，田舍成墟，觸目創懷，至堪憫惻，當即發款賑救，并實行施飯，留安三日，別時人民扶老攜幼，垂涕送行。有一九二老人，并以手杖相贈，兒極爲感動。此行經定南、龍南、信豐各縣，每到一縣，除考察地方政治情形，慰問傷兵難民，召集學生、商人、農民談話外，并柬請七十歲以上老人舉行敘餐。在信豐時一老婦暢飲數杯憤起而言曰：『抗戰不勝利，我死亦不閉目。』」他以冒險犯難、與民同在的實際行動贏得了贛南民眾的感佩和愛戴。

人禍和天災一樣可以置人民於水火之中，因此，蔣經國上任之後，「各縣人民條陳意見，與控告貪污者，應接不暇，群策群力，共圖革新」，讓他感奮無已，雖然如此，蔣經國心裡明白，在地方舊勢力環伺之下，他首先要對付的是橫行鄉里的「漢奸」與「貪官污吏」。因此，他上任之後，除建議蔣介石應成立「統一之青年組織」，並在其下成立一個「非常行動部」，這個單位的主要任務就是要「執行剷除漢奸貪官污吏之工作」。

其次是轉移社會風氣。蔣經國認為，轉移社會風氣是「修明政治之先決條件」，並從禁絕鴉片煙和禁止賭博開始著手，但是，社會風氣畢竟不是經濟指標，也不是民生物資，無法用具體刻度去表現社會風氣的改善或轉移，他突發奇想，以建立「紀功碑」表彰好人，另外樹立「公告板」專門公布壞人的醜行劣跡。他並把自己這個「創意」告訴了蔣介石。「今日之社會，應重向善風氣之培養。爰酌仿建碑紀功之古制，決定建築偉大之石牌樓一座，以紀功績，凡對地方建設有較大貢獻，及為抗戰捐軀造成忠義之風者，均鐫名留芳，群相景慕。並另建石質公告板一塊，公佈罪惡多端，而不守法紀者，如漢奸、貪官污吏、煙販、煙犯、匪徒、奸商、土劣等，如查明確實者，刻名遺臭貽羞，社會庶幾善惡昭彰，皆知樂於為善，以補助政令之不及。」

按照他在民國二十八年八月二十九日的一封家書上的說法，到任不過一年有餘，他自信贛南的惡勢力基本上已經剷除得差不多，他說：「關於專員公署工作，禁煙禁賭，目前已有相當成效，地方土匪大部亦已擊散，今後除繼續嚴禁煙賭、肅清土匪外，當著手整理保甲，推進教育，及組訓民眾。」

蔣經國是如何在一年之間讓贛南地方治理工作取得初步的成果呢？蔣經國在一封家書上告訴蔣介石說：「此次搭乘公共汽車外，步行三百四十里，擬稍事休息再度出巡，期能於最短期間能遍歷贛南各縣。」說他靠著行動哲學，以步行方式，跋山涉水好幾百里地，巡行於幅員遼闊的窮鄉僻壤和叢山峻嶺之間，目的就是爲了營造他廉能與雷電風行的形象。在民國二十九年六月十一日的信中亦告訴蔣介石說他「於五月二十六日，由贛出發視察，於本月八日返署，步行六百餘里。經過信豐、安遠、尋鄔、定南、龍南、虔南六縣。」他以腳踏實地的從政精神，使老百姓認知到蔣介石的公子竟然能劍及履及地服務人民，讓老百姓親眼證實他說到做到，而且，不論在私底下或是公開場合，幹任何活，做任何事情，不論再辛苦，蔣經國總是身先士卒，和老百姓站在一塊兒，這一點跟當時官僚盡是「口腔派」——光說不練的風氣大相逕庭。

他的身先士卒，自我磨練，不止一端，類似事蹟在家書中更是不勝枚舉。如在民國三十年十月二日的家書中，蔣經國向父親稟報：「第七期幹部人員講習會，於上月二十二日，在離城四十里之崆峒山頂舉行結業典禮。結果極爲圓滿，在二星期內，天天輪流舉行赤腳賽跑，冒暑冒雨，長途跋涉，夜行軍，緊急集合，不眠不食，動心忍性之刻苦訓練。天下事未有不從艱苦中得來，而可久可大，兒即本斯旨從事於此次訓練，使人人勞其筋骨，餓其體膚，空乏其身，養成卓絕意志，堅強體格，準備忍受并克服將來更艱難更困苦之遭遇！」

蔣經國最膾炙人口的是他的親民愛民，與民同在的政治作風，姑不論是政治表演或發出內心，因爲他經常與民眾在一塊兒，噓寒問暖，閒話家常，更能親自爲老百姓解決問題，眞心誠意，自然而然贏得民心愛戴。在民國二十八年十月十七日的家書中，蔣經國告訴蔣介石說：「贛縣潭口鄉，王、陳二姓之農民，因爲開掘水溝之爭執，雙方大事爭訟，訴訟延續五年之久，同時五百畝土地之生產因此而停頓。昨日兒特別到該處視察，經調解後，雙方同時簽訂合同，開掘水溝，且規定尺寸，限期完成。五年來之爭執，一旦圓滿解決，家家戶戶非常快樂，當兒離開潭口之時，農民群眾高呼『蔣總統萬歲』。兒對於此事感慨甚多，互讓、互助、互信實爲創造事業之先決條件。」

經世致用在江西

出仕江西以後，儘管事務繁忙，蔣經國仍然照父親叮囑，繼續進修，詳讀指定書籍，並仍以治國為主，惟其涉獵更以「經世致用」的務實精神為中心，似乎希望汲取古人的智慧來治理地方，拯救於戰火災難中的百姓。

例如，民國二十八年十一月二日，蔣經國在致父親家書中說他「近來每日讀書二小時，前日讀完《康濟錄》，今日開始讀《五種遺規》。」

《康濟錄》是清初錢塘陸曾禹所輯，原名《救荒譜》，清乾隆年間倪國璉錄其大要，主要在講述防災救荒及治本、治標之步驟與辦法，全書共四卷，第一卷主要在寫前代救援之典，記錄歷代恤民賑災之盛，第二卷講述裕民足食的根本辦法，重點在防災於未然，第三卷寫臨事之政，說明遇到凶年歉收應該如何紓解饑困，第四卷在寫災荒過後應如何補苴培復，末尾還有附錄，羅列施急賑、設倉儲之種種規章。

《五種遺規》是一本文摘，蒐集了從漢代到清代約八十位名人學者的有關著述，包括班昭的《女誡》、司馬光的《居家雜儀》、朱熹的《白鹿洞書院學規》和《童蒙須知》、王守仁的《告諭》和顧炎武的《日知錄》等。《養正遺規》主要是有關養性、修身、兒童及青少年啟蒙教育、讀書和學習方法等方面的論述。

民國三十年九月四日，蔣經國在致父親家書中說他「自修方面除讀《曾文正公家書》外，最近每日研讀《王安石學說》，兒自知字體毫無進步，今後決遵諭每日抽一小時練習行書。」

即使在戰爭年代，蔣經國仍左手忙於賑濟受到戰火蹂躪的縣民，右手忙於向煙賭宣戰，要老百姓脫離腐敗風氣和貪官污吏的巧取豪奪，他告訴父親說：「贛城自遭轟炸之後，兒即創立施粥廠，及於城中，兒童避難室、民眾俱樂部，於郊外禁煙禁賭，早已嚴厲執行。有和記土膏行設立贛市，資本雄厚，組織廣大，勾結軍人，在絕對禁煙區內私販私運，兒業將該店查封，俾得掃除煙禍，以免流毒贛南。」換言之，面對老百姓，他是慈眉善目、菩薩心腸的父母官，但在另一個面向則是青面獠牙、滿臉橫肉的劊子手形象，絕對是貪官污吏、地痞流氓、鴉片煙館和賭場的剋星。

蔣經國固然全心全力治理贛南政務，但中國畢竟幅員遼闊，尤其偏遠地區、政令難以到達之地，別說「蔣青天」的德澤未能及被，即使是蔣介石，憑藉著槍桿子，亦未必能處處行得通。在民國二十九年六月十一日的家書中，對公務人員之治事能力及消極態度，蔣經國也不免感慨道：「大部分人民均有敵愾同仇心理，窮鄉僻壤，處處皆以國家大事及大人之健康相詢。人民在政治認識方面，實大有進步，惟一部分公務人員尚乏蓬勃朝氣，基層幹部亦少健全，致一切政令尚不能廣泛推入民間，至土豪劣紳在地方上尚擁有相當勢力，歸根結底，贛南病原實在於交通不便，以及民智不開。」

「前方吃緊，後方緊吃」，不僅僅是一句諷刺的歇後語，而且是抗戰後期十分普遍的怪現象，和貪官污吏搏戰經年的「蔣青天」仍然難敵鋪天蓋地，多如牛毛的貪腐官僚。

看不慣國府官員腐敗、奢靡風氣的蔣經國只要路見不平，即使在自己管轄範圍之外發生的不法情事，也一定馬上寫信告訴蔣介石，建議辦人。他在民國三十年六月十五日的一封家書中就痛陳時弊，說他去贛東視察時，見到貪官污吏一路囂張的醜陋行徑。「經過鷹潭、上饒等地，地方官吏與部隊官佐大都經營商業，競相逐利，終日在應酬場中任意揮霍。在金華、鷹潭公開賭博，無人過問；在上饒，則西裝店、菜館店林立，供人享受。故此次浙東戰事一起，官吏爭率逃命，鬥志喪盡，毋怪百姓都說中央好，地方不好，此種病象亟應加以糾正。」

顯然，蔣經國在面對貪官污吏的戰爭中並未取得完全或決定性的勝利。他一方面感嘆成果未臻理想，同時也抱怨自己迭遭貪官污吏和地方惡勢力的反撲報復。蔣經國滿心以爲投入革命熱誠即可孚得人望，殊不知任何政治領袖都存在著或明或暗的反對派，受到委曲，他也不免對父親多所傾訴，足證國府黨政軍人固然不看僧面看佛面，頭頂著父親的光環，蔣經國也不免經常四處碰壁，例如，「兒當接事之初，即立下決心，改變過去脫離群眾之作風，以刻苦自勵，爲民興利，無如地方舊勢力在一部分黨部人員領導之下，殊多牽制，在彼等心目中，如有不與土豪劣紳相勾結，而與民眾接近并努力工作者，均爲有共產嫌疑之左傾分子。兒竟亦不能逃出被人嫌疑之列，并造謠生事，不遺餘力。兒個人對於此種攻訐自問於心無愧，不但毫絲無動懷，而且將以更大之努力，稟承大人之訓示，深入群眾，修明地方政治。」

贛南之淬煉，陶鑄了蔣經國不輕易服輸的個性，轉任中央幹部學校之前，他在寫給父親的一封信上說：「兒自任贛縣縣長後，傾全力於縣府整理工作，人事問題已告段落，鄉鎮基層幹部大多爲青年團團員，精神飽滿，尤富工作熱情，今後青年團工作可與行政配合，不致多落空談，在行政方面注入此新血素裨益亦非淺……，在此短短二月經驗中，深覺當專員易，當縣長難，因縣政繁雜，千頭萬緒，又均須親自處理，非若專員，僅負督察之責已耳。至全區政務亦均在按步施行，信豐縣至會昌及贛縣至崇義之公路已開始建築，此外在贛縣設立之經濟幹部訓練班即可開學，六個月後即有大批幹部分發各縣下鄉工作。」

在贛南期間，蔣經國一方面形塑其「蔣青天」的形象，一方面善用機會、把握機會，在父親面前或者在家書內容中頌揚父親的功業偉績，煞費苦心。

爲了討父親歡心，蔣經國細膩地察言觀色，更巧妙運用蘇聯經驗，營造蔣介石對偶像崇拜的氛圍。他曾經運用一位孤兒「自然流露」的感情，藉諸孩子投射出對蔣介石的英雄崇拜，展現蔣經國典型的俄式個人崇拜風格。

事情發生在民國三十六年十月二十五日，再過一個禮拜就是蔣介石誕辰，蔣經國利用一位名叫何社龍的小朋友表達對蔣介石的諂媚。

蔣經國把長期培養這位小朋友的緣由向蔣介石做了一段簡短的匯報，說他「在贛縣縣長任內巡視鄉間，在社龍村遇一小乞丐，他不知自己何姓何名，亦不知何處人，當時兒即將其帶回贛州，送入兒童教養院讀書，并名之爲何社龍，今夏畢業於小學部名列第一，兒時以此事而自喜，今接其來信向主席祝壽，兒覺此信非常天眞而且甚有意義敢轉呈，想大人亦必樂於一讀也。」

何社龍小朋友寫了一封信給蔣介石，信上說：

敬愛的主席：

去年九月下旬看見主席和悅的容貌和理健的身體，我心中有無限的愉快，敬仰的心，直到現在沒有一刻會丟開，昨晚忽想起主席的生日又快到了，全國的人民，正在準備怎樣慶祝，照理我們應該登堂拜壽，但是山川阻隔，那只好遙遠敬祝主席像太陽一般照著我們，於有害人類生存的細菌，完全殺滅。我們年紀小，不能拿槍去消滅那禍國殃民的共匪，只有好好的求學，鍛鍊強健的體魄，將來爲國家民族做點有益的事，這就是我的禮物，後敬祝

萬壽無疆

小學生何社龍敬上　十月八日

何社龍小朋友將蔣介石比喻爲太陽，謂蔣經國治贛期間有不成文規定，每年十月三十一日爲贛南之「太陽節」，每逢此日，無論軍民，一律張燈結綵，遊行歡慶，爲蔣介石祝壽。

蔣經國畢竟是在蘇聯待過，他很清楚搞個人崇拜的訣竅在那兒，是這方面的翹楚，因此，明眼人固然可以看出何社龍小朋友寫的這封信出自何人手筆，只是，看在蔣介石眼裡，這封信竟是如此窩心，如此眞誠。何社龍小朋友還藉機給蔣經國寫了一封信，說：

親愛的恩哥：

不覺得又快到主席的生辰，全世界又在準備著怎樣歡迎慶祝，我們要拿無限的熱忱和尊敬，慶祝我們四萬萬五千萬人的保母，這眞正爲人類解放自由的救星，他左手抱著同胞，右手除滅了強暴的敵人，他從容創建新世界，又培養了人類的新生命，就是寫千百個偉人，也比不上主席忍耐革命的精神。最後請您轉交這點禮物給　主席，敬祝

健康

愚弟社龍敬上　十月八日

贛南不僅是蔣經國實驗其「小蘇聯」的小王國，更是他營造蔣介石個人崇拜氛圍的的小天地。出了贛南，蔣經國個人崇拜的風格依舊。昔日行乞的小孤兒的文化水平焉能獨力寫就兩封信，小小心靈更焉能將蔣介石主席描繪成「照耀著老百姓的太陽」，如果不是背後有「高人」指點，很難令人相信是行乞孤兒何社龍個人所爲。

其實，非僅何社龍這位行乞的可憐孩子，蔣經國的家書中亦經常描繪市井小民，甚至貧病無依者、白髮耄耋、老殘病弱者也投入熱誠捐輸、歌頌領袖的行列中去，更不乏對父親奉承之詞句，其爲父親營造個人崇拜環境的斧鑿痕跡至爲明顯。

例如，民國二十八年十一月二日，其於江西省第四區行政督察專員公署保安司令部發出的家書中即描述道：「贛州各界……舉行慶祝大人壽辰大會，并獻金、獻物、獻身，共到民眾九萬餘人。有二百六十名傷癒將士，與四百三十二名壯丁自願獻身赴前線殺敵。有一位七十四歲長者由沙田（離贛城一百十五里）步行來贛祝壽，并獻出其袋中僅有之兩角四分錢。次之一位九十三歲貧苦太太到壽堂祝壽，并獻出四枚銅元，後又命其孫兒購買一段爆竹燃放，以表敬意。參加提燈遊行者，除士農工商兵外，尚有和尚、道士，以及雙目失明之算命者，此外尚有龍燈台閣及各色各樣之燈綵，此種具體事實，表現人民擁護大人之誠意，完全發自心底。在此次大會中，兒更認識民眾力量之偉大，對於民眾赤忱之表現，使兒起無限之敬意。」

民國三十年十一月七日的家書，蔣經國告訴蔣介石，有關江西百姓慶祝其華誕時之情景：「今年大人壽辰，全市人民自動掛燈結彩，參加拜壽及遊行慶祝者，不下十萬人，壯丁獻身入伍者，有八百二十五人，此皆人民愛戴大人熱情之自然流露，兒身處其間深為感動。」

民國三十一年十月二十四日，蔣介石生日前夕，蔣經國在江西以「三南聯合行政會議」的信紙寫信給他的父親，說：「今日是大人壽辰，兒等未能親來拜壽，罪甚！今晨四時，兒即起身洗面沐浴，後一人行至贛州南門城上，面向重慶而立，心中遙祝大人福體康健，精神勝常，并望上天保祐全國平安，全家康樂。今年七月間，贛南民眾代表大會出席會員曾經建議，為力行大人勖勉國人埋頭苦幹努力建設之訓示，并以具體行動表示對大人之崇仰，決定展開徵兵、徵糧、修橋、築路、建陂、建校六項工作競賽，限於十月內完成。兒此次由各縣視察回來，親自看見各地民眾皆在積極參加建設，并請求將此六項工作成績，作爲慶祝大人壽辰之禮物。」

中國傳統習俗喜以儀式主義的形式表示對尊長的孝敬，這本是天經地義，十分平常的事，但是，如果將這種本來應該是家族內的儀式主義形式擴大到社會人群的層次，就超乎中國人的倫常觀念，而有個人崇拜之嫌了。當然，在大敵當前的時期，絕對有必要凝聚全國民心，一致對外，故而這種偶像崇拜無可厚非，可是，一旦戰爭結束，國家政局回復常態，個人崇拜風氣若是依舊揮之不去，就難免要遭人物議了。

〈附錄〉隱匿於國難夾縫中的風花雪月

蔣經國在贛南時期，適爲春秋鼎盛之年，是時，三妻四妾觀念仍深植庶民大眾思維之中，固然婦女逐步獲得解放，但中國向例以男性爲尊，拈花惹草固遭人物議，但亦非十惡不赦。章亞若與蔣經國在人生道路上偶遇，因相知相惜擦出火花，從人性的角度思之誠不足爲怪，但以時下一夫一妻的標準衡量、臧否他的風花雪月，難免以今非古，引喻失義。

蔣孝嚴在《蔣家門外的孩子》一書中說：「母親曾要父親盡快將身懷蔣家骨肉一事稟報祖父，並要求接納。父親於一九四一年十月爲此專程前往重慶，伺機做了稟報。返回桂林後非常興奮地跟母親說，委員長對整件事表示了解，而且很高興又有了兩個孫兒，並立即按照家譜排輩親自取名，一個叫孝嚴，一個叫孝慈。」

可是，一位與蔣家甚爲親近的人士透露，蔣介石並不知曉蔣經國、章亞若戀情，更不知道兩人育有二子，因爲，依蔣介石的個性，如知悉有孝嚴、孝慈兩位孫兒，肯定會想辦法讓這對孿生兄弟認祖歸宗，不會讓他們在外吃那麼多苦頭，必定會有低調妥適之圓滿安排。

與章亞若之間的悲劇戀情，蔣經國始終掩飾得天衣無縫，他之所以如此低調，之所以不讓戀情曝光，除了擔心曝光之後，造成與蔣方良夫妻勃谿，更應與蔣經國擔心影響其宦途有關，畢竟蔣介石、宋美齡結縭之後，篤信基督教，萬萬不容許蔣經國搞婚外情。

我們沒有足夠證據能解開「章亞若死亡之謎」，也沒有直接證據證明蔣經國是否曾經稟告蔣介石有關其與章亞若之戀情。然而，我們卻能從蔣經國給父親家書的字裡行間尋索若干蛛絲馬跡，找到更出人意表的祕密。

蔣經國於民國三十一年一月五日寫給父親的一封家書是他在整個章亞若事件中系列「掩耳盜鈴」行動的關鍵證據，這個關鍵證據一定程度說明了蔣經國的雙面性格，更說明他是以什麼態度處理自己的婚外情，他說：「贛南各縣縣長，發起組織參觀團，赴粵桂湘考察行政，兒亦擬參加，約二月間出發。」這段文字藏著什麼玄妙之祕呢？細想，抗戰時期，國家財政無比艱困，國軍士兵上戰場每人僅發四發子彈，那有經費讓小小的縣長「組織參觀團」到廣東、廣西、湖南「考察行政」？蔣經國是委員長之子，自有其差旅費上的便利之處，但其他的縣長何德何能，焉有經費與蔣經國合組「參觀團」？更不可思議的是，二月十四日爲農曆除夕闔家團聚之日，二月十五日爲大年初一，以當年大陸交通建設的情況，蔣經國和「贛南各縣縣長」要乘坐什麼交通工具？就算二月一日就出發，路上也不作勾留，只靠舟車，光是粵桂湘跑一圈，至少也要到三月初才回得了江西，不是擺明不在贛南與妻子蔣方良過春節嗎？這確實啓人疑竇。

存在著一種可能情況是，蔣經國在農曆新年前夕，千里迢迢地從贛南跑到廣西桂林，目的就是依約和章亞若團聚，因爲，蔣經國寫這封信給蔣介石時，章亞若已經身懷六甲，蔣經國事前承諾章亞若一塊在桂林共度新年。

完全有此可能，而且合情合理。按照懷胎時月計算，章亞若應該於五月才生產，所以，我們甚至可以假設蔣經國和章亞若事先的安排是二月間一塊在桂林過年，到五月預產期，蔣經國再藉故到廣西陪伴章亞若生產。無巧不成書，懷胎僅七個月的章亞若卻在蔣經國到達時陣痛臨盆，生下了雙胞胎章孝嚴（今已歸宗改姓名爲蔣孝嚴）、章孝慈。

然而，令人困惑的是，蔣孝嚴公布的生日爲民國三十一年五月二日，但若考證蔣孝嚴的回憶錄《蔣家門外的孩子》，蔣孝嚴說他外婆親口告訴他們兄弟，章亞若「在一九四二年八月十五日下午猝逝，不及留下遺言」，她「終於斷斷續續，指著照片說：『大毛、小毛（孝嚴、孝慈之乳名），這是你們的親娘、我的寶貝三女兒亞若……她好命苦，你們半歲大的時候，她就死了，死得不明不白。』」由此推算，蔣孝嚴的生日絕非五月二日，應爲二月十五日前後。

二月十五日前後，正是蔣經國稟告蔣介石要「組織參觀團，赴粵桂湘考察行政」的時間點。這究竟是一種「巧合」，抑或是一種「意外」？確實耐人尋味。

一個可能的推論是，蔣經國認定廣西位處西南邊陲，遠離重慶與贛南，不但隱密性高，而且天高皇帝遠，沒有人認識，更不會有人認出大腹便便的章亞若，因此選爲章亞若祕密生產的地點。

令人不解的是，果如蔣孝嚴所言，蔣經國曾向蔣介石報告章亞若懷了蔣家骨肉，且獲得蔣介石諒解，那麼，蔣經國爲什麼不敢跟蔣介石稟報，他二月間要到廣西探望章亞若，而竟是以「贛南各縣縣長，發起組織參觀團，赴粵桂湘考察行政，兒亦擬參加」爲藉口。由此可以證明他並未向蔣介石報告章亞若生子之事，而且，種種跡象顯示，終蔣介石一生，從來不曉得蔣家門外還有骨肉。

六月六日，蔣經國寫信稟告父親，說他已經從大西北回到贛南任所，並提出防共與剿共的意見，信末，蔣經國說：「華秀妹處，因過桂林未停，致未能一見。」

這更令人大惑不解，蔣經國漫遊西北期間，蔣孝嚴兄弟剛出生三個月，若確如蔣經國所說，他曾經途經桂林，但卻「過桂林未停」，甚至連章亞若母子三人的住所都過門而不入，這根本違背人情義理。

至於蔣經國信上所說的「華秀」，係蔣介石兄長蔣介卿的女兒蔣華秀，蔣介卿於民國二十五年底去世後，蔣介石愛屋及烏，蔣華秀因此成爲最受他關照的侄女。蔣華秀畢業於之江大學，抗戰時溪口淪陷，蔣華秀和母親等家人避居贛南，與蔣經國、蔣方良夫婦生活在一起。民國三十一年春，蔣華秀嫁給桂系將領白崇禧的外甥韋永成，韋永成與蔣經國蘇聯同窗，婚後，蔣華秀與夫婿韋永成擇居桂林，因此，身爲堂兄的蔣經國假使眞的到了桂林，按中國人的觀念，說什麼也應該到蔣華秀家裡探視，而蔣華秀也勢必要盡地主之誼好生接待，何況蔣華秀曾在贛南住了二、三年，必也受蔣經國不少照拂，何至發生「過桂林未停」的情況？

合理的推斷是，此行的主要目的是要藉著「漫遊西北」到桂林，而五月是章亞若原來的預產期，也就是蔣孝嚴對外資料上顯示的生日，儘管蔣孝嚴兄弟提早降生，並不影響蔣經國的五月桂林之行，他依舊可以拿「漫遊西北」做爲向父親稟報的藉口，到桂林和章亞若母子三人團聚，隱密地共享天倫。

從蔣經國安排章亞若離開贛南遠赴廣西生產這一點看來，他是極端小心翼翼，忌諱蔣章戀情曝光，更忌諱有人得知章亞若懷孕之事。這種謹小愼微的行爲都十分合情合理，但這兩封信所透露出來的訊息在在讓人覺得不合常情，最合理的解釋是，蔣經國無所不用其極地想掩飾章亞若生產之事，因此不惜向蔣介石撒謊，這種想「掩飾些什麼」的想法是否隱伏了八月十五日章亞若神秘死亡的殺機呢？

以當時蔣經國所處的客觀環境，任何人處於他的立場，都會對婚外情、私生子採取絕對掩飾的作法。試想，蔣經國自回國到民國三十一年二月，不過五年時光，尚未站穩身子，章亞若在桂林隱姓埋名產下一對麟兒，對蔣經國而言，無異一枚不定時炸彈。這期間，蔣經國在蔣家、國民黨內地位都處於相對不穩定的狀態。他首先必須顧慮到太太蔣方良的態度，深受俄國東正教薰陶的蔣方良豈會容忍蔣經國在外另築香巢，產下一對麟兒？他也要顧慮到父親的地位，一旦消息走漏，集黨政軍大權於一身的蔣介石要如何面對國府大員，更要如何向篤信基督教的宋美齡自圓其說？蔣經國本人要如何面對蔣家內部的壓力，更別說國府內部虎視眈眈的敵對勢力。一切的一切都困擾著蔣經國。

蔣孝嚴在《蔣家門外的孩子》一書中說：「外婆最懊惱的，應當是在她最需要幫助的時刻，卻不見父親的身影。一九四一年前後，在贛州時還能常常和他碰上面，父親時常會從行政專員公署走到相隔才六百公尺之遙的章家去看亞若，進門後都很禮貌地喊她一聲『伯母』，並且請安。外婆搬到萬安縣之后，父親還在一九四三年千里迢迢地去探望過她和兩個雙胞胎。」

二、接班序曲：進入情報系統

【青年團&青年軍】

抗戰前，軍統局戴笠提出了「秉承領袖意旨，體念領袖苦心」、「團體即家庭，同志如手足」、「需要即是眞理，行動即是理論」等響亮的口號，成爲爾後軍統人員對蔣介石個人崇拜的名句。戴笠同蔣介石的關係只不過是校長（黃埔軍官學校）和學生（黃埔第六期）的關係，所以有必要喊出這些肉麻兮兮的口號，蔣經國是蔣介石的骨肉，沒有必要搞得如此露骨，有他一套討蔣介石歡心的說詞和做法。

蔣經國自幼父母仳離，及長又遠赴異國，誠所謂「獨孤臣孽子，其操心也危，其慮患也深」，飽經憂患的他因而十分珍惜和父親之間的親情關係，一方面極力希望討好蔣介石，成其孝道，另一方面，他也希望能近水樓台先得月，滿足個人的權力欲望，有機會也不免表功，吸引父親關愛之目光，此乃人之常情，不足爲怪。

話說民國三十二年三月，三民主義青年團第一次全國代表大會於重慶舉行。會議中，蔣經國提議擴大幹部訓練班，成立青年幹部訓練學校，大量培養青年領袖。在蔣介石的支持下，大會通過這項提議。七月十日，蔣經國被任爲三民主義青年團中央幹部學校教育長，而團長蔣介石則兼任校長，此後，即往來於贛州、重慶之間。

所以，十月十六日，蔣經國在致父親家信中即感慨地做了一番開場白。「兒自奉命主政贛南，現已四年有半，在此期間一本大人意志，從事各項工作，在工作中總求盡力實行大人之意志，抱埋頭苦幹之決心，凡此一切皆出兒之本心誠意。」

接著說：「奉命之初，大人在南昌，曾以不說別人壞話，不利用特殊經費做事相訓勉，數年以來均秉此訓，外間不察，嘗謂兒在贛南各項經費均由大人撥給。在過去四年中，兒始終抱刻苦精神，整理地方財政。贛縣一縣之每年收入，由一百三十萬圓（民國三十年）增加至二千八百萬圓（本年），而人民負擔則反而減輕，澈底肅清貪污，取之於民用之於民，應用則用，應省則省，此乃兒理財之原則。就處世而言，一切皆反求諸己，從不道別人半句壞話，致違大人訓誡，縱有不滿意處，亦僅在工作中求得安慰。

數年來各項工作計畫皆得如期完成，上級政府曾記大功六次，嘉獎三次。兒從不因此而自滿自大，但亦可告慰於大人者。一，江西環境向稱惡劣，四年半來兒立身其中，未受其影響，始終保存清白人格，且在惡劣、腐化環境中，自己求好向上之心，以及鬥爭之意志，益加堅強，此可告慰於大人者二。」

由於在贛南的工作即將告一段落，蔣經國對權力展現之強烈企圖心更是躍然紙上，說：「就兒之志願而論，對行政工作極感興趣。現既奉命主辦中央幹部學校，自當本以往精神，努力工作，將來難於處理者，諒必是人事問題，兒明知其難，但仍願任勞任怨，爲黨國培養革命新幹

身為總統的蔣介石，在青年節慶祝大會中致訓辭，號召熱血青年從軍。

部。大人之所以命兒主持幹校者，其用意兒亦極明瞭，故不問一切，當盡力完成使命，謙虛誠懇，有恆實在，兒在工作中，時以此四點而自勉，對未來事業，亦決以此種精神繼續奮鬥！」

當然，對於政敵復興社的康澤系，蔣經國在信中參了一本，抱怨道：「在表面上，各派小組目前雖已取消，而事實上依然存在。多數青年如不加入甲派，即須加入乙派，否則在社會上即難立足。事實上革命青年任何一派皆不願加入。至於過去各小組織中之老幹部，多已失去革命意識，生活亦多已腐化，此種組織力量恐一時難以消滅，而革命欲求其成功，則非有組織不可。兒意補救之道，惟有以正大光明之態度，組織以三民主義革命新幹部青年團，本爲最理想之青年組織，但目前已逐漸開始變質成爲少數人所利用之團體，目前青年團可謂全由組織處所把持，各省團部均佈置私人，故不易吸收新幹部入團。」

事實上，蔣經國指摘組織部腐化，沒有革命意識，亦確係切中時弊之批判，並說：「現時一般希望升官發財者，多願入團受訓，以獲得中訓團資格，作爲做官之護身符。……以上所陳俱屬實情，兒既知其危，故不敢不稟告大人作爲參考。」

民國三十三年十月，爲了抵抗日軍進犯大後方，蔣介石喊出「十萬青年十萬軍，一寸河山一寸血」、「青年的胸膛就是祖國的國防」的口號，號召熱血青年從軍，包括蔣經國、蔣緯國在內的政要子弟爭先報名。是年冬，「青年遠征軍」編練總監部成立，蔣介石任羅卓英將軍爲「訓練總監」，彭位仁和黃維將軍爲「訓練副監」，蔣經國爲編練總監部的政治部主任。

青年軍九個師所有的政工人員全由蔣經國任命，爲了培訓政工人員，蔣經國在重慶復興關成立一個青年軍政治工作幹部訓練班，並自任班主任。

抗戰勝利後，爲了安排這批知識青年的生活問題及工作去處，在蔣介石的指示下，民國三十五年十二月成立「青年軍復員委員會」，由軍政部部長陳誠兼任主任委員，蔣經國任副主任委員，四月改名「青年軍復員管理處」，隸屬軍委會，下分就學、就業、聯絡、總務等四個組，陳誠兼任該處處長，蔣經國和鄧文儀、彭位仁爲副處長。

民國三十五年五月三十日，爲了配合日後施行憲法，國民黨國防最高委員會決議將國民政府軍事委員會及其下屬各部門予以裁撤，並在行政院之下設置國防部，取代軍事委員會的原有一切職能。民國三十五年六月一日，國防部於南京成立，蔣介石任命桂系大將白崇禧為國防部部長，陳誠為參謀總長。

青年軍復員管理處因此要撤銷，但這個單位可是蔣經國的嫡系機關，青年軍是太子幫命脈之所繫，在蔣經國的安排下，而被賦予新的任務，在國防部之下成立了三個局，其中，職司情報整合的單位是「監察局」，由彭位仁奉命籌建，職司對外宣傳的單位是「新聞局」，由鄧文儀總其成，蔣經國則親自負責籌建「預備幹部局」。

【特種監察網】

由民國三十九年十一月三十日，蔣經國的一封家信可以證明斯時蔣經國已插足國民黨情報組織，蔣經國告訴蔣介石說：「對行動委員會之工作，曾詳加檢討，謹將該會工作經過，并擬具澈底改造情報機構之意見，呈請大人核示。」說明這時的蔣經國已經開始主導情報系統的「澈底改造」。蔣介石命令蔣經國主導國民黨「政治行動委員會」，主要用來整合撤台初期破碎零亂的情報組織，簡言之，政治行動委員會就是所有情報組織的太上機關。

此一往事，很多情報界前輩均耳熟能詳，但是，民國三十六年組織之「特種監察網」則始終未曾暴露。

一般認爲，蔣介石是到了台灣之後才授權蔣經國整頓情治單位。實際上並非如此，早在民國三十六年初，或更早之前——民國三十五年三月十七日，戴笠空難去世，軍統局群龍無首，內部組織和指揮體系一團亂的時候，蔣介石即有意拔擢蔣經國進入情報體系，讓他成爲「領袖的耳目與忠狗」，而留學蘇聯，習於秘密警察治國思維的蔣經國也早已意圖染指情報組織，可說是正中下懷。

在民國三十六年二月十七日蔣經國致蔣介石的一封家書中透露了這項訊息，說：「搜集情報工作，兒已與各有關方面妥爲聯絡，自三月份起，即可按月向大人報告各省之特殊情形，以及各種輿論。再兒與彭位仁局長擬定特種監察計畫一種，呈請大人核閱，如大人認爲可，則可開始實施。」

所謂「特種監察計畫」，其內容如下：

特種監察網組織計畫大綱　彭位仁　蔣經國擬呈

甲　方針

爲監察全國軍事、政治、經濟、黨團各級主要情報人員之操守行動，及其業務實施情形適時報告主席，以促進工作效率起見，特組織「特種監察網」。

乙　監察範圍

（一）對象

中央調查統計局、保密局、國防部第二廳、憲兵司令部、首都警察廳、交通警察總局

（二）項目

1.有無受異黨利用情事

2.有無參加小團體傾軋異己情事

3.有無利用職權包庇或販賣違禁物品及走私、漏稅情事

4.有無貪污、受賄或敲詐財物情事

5.有無假公濟私或挾嫌誣陷情事

6.複查其報告之眞實性

（三）業務機構

由監察局現職人員內挑選必要人員（暫定六至十員），承辦特種監察網聯絡業務。

（四）特種監察網組織

1.固定組織：利用各級監察機構及各地青年團，或青年軍通訊處之既有組織擔任監察。

2.不定組織

（子）利用監察局各種調查、視察機會臨時授予任務

（丑）對重要地區或重要事件由監察局隨時派遣專員或小組

3.外層組織

（子）監察局及其他本黨忠實同志，以私人介紹或派遣其他工作方式，使轉入各對象機構內工作

（丑）委託各對象機構內之適當人員擔任通信

（寅）委託當地其他人員之可靠者擔任通信

（卯）利用適當人員之行程經過機會就便查報

（五）人選

1.信仰　元首至上

2.操守　不爲利誘不爲威屈

3.修養　公忠正直

4.能力　精明幹練

5.服務精神　堅苦卓絕任勞任怨

（六）工作方式

1.對上承主席之指示或命令，對下祇有縱的指揮，不容有橫的聯繫。

2.一切工作均以絕對秘密行之

3.工作人員均利用其原有職務或其他工作爲掩護，縱至生命危險，亦不得暴露其身分或

洩露其任務。

（七）監察方法

1.特種監察人員以調查報告爲主

2.採訪密查索取正確情報

3.一切案件應覓取人證、物證，即情形特殊無溝覓到時，亦須申述正當理由。

4.一般動態，應每月彙報一次，特殊或重要者隨時報（月報格式另行規定）。

（八）通信

1.特別重要或無電信機構之地點，特予配發小型無線電機一部。

2.對固定組織及不固定組織，均由監察局編發單用密本，利用有無線電拍發，其最重要或最秘者，則以專人送達，亦可預約其通信方法。

3.對外層組織，以使用無記名編號，或化名郵信爲主，以密語或化學通信爲輔。

……

丁　經費

各工作人員除利用原職務不支薪津外，其特支費、辦公費、工作獎金及旅費，均准按實際情形支給之。

也就是說，蔣經國奉蔣介石之命，擬組織「特種監察網」監視所有情報單位的動態與忠誠，這凸顯了一個重要訊息，即抗戰勝利後不久，蔣介石就有意要蔣經國開始涉入情報組織，並且扮演情報太上機關的角色。

這應該是蔣介石計畫由蔣經國逐步接班的一個先聲。

從這份〈特種監察網組織計畫大綱〉直接對「主席」負責，可知，其目的是要強化情報組織「領袖耳目」的功能。蔣介石將這麼重要的職責交給蔣經國，一方面顯示他不相信戴笠死後的軍統局，軍統局之地位大不如前，另方面也顯示其有意從組織「特種監察網」出發，嘗試蔣經國接班的可能性和可行性，雖說當時爭逐軍統局大位者眾，但是，後起之秀，無論是毛人鳳或葉翔之，其專業與威望均遠不及戴笠，近水樓台，又是蔣介石嫡長子的蔣經國自然成爲條件最優越的接班人選，從蔣介石命蔣經國草擬〈特種監察網組織計畫大綱〉，即可窺知蔣介石早有讓蔣經國插足情報組織的勢頭了。

彭位仁

彭位仁在國軍中的資格相當老，他是湖南省湘鄉縣月山鎮白龍村人，一八九五年出生，保定陸軍軍官學校第六期畢業。抗戰時，多次立功受勳。

彭位仁和蔣經國拉上關係是在民國三十三年冬。時彭位仁任青年遠征軍編練總監部副監，響應「十萬青年十萬軍」號召的蔣經國因此認識了彭位仁這位前輩，抗戰勝利後，蔣經國和彭位仁同任青年軍復員管理處副處長。

民國四十三年，彭位仁獲美國總統杜魯門頒授紫綬自由勳章。

民國七十九年四月於台北病逝，享壽九十五歲。彭位仁比蔣經國大十四歲，又比他長命二年，可謂人瑞級的高級將領。

三、二探接班之挫敗：與ＣＣ派的鬥爭

【ＣＣ派】

以「內鬥內行，外鬥外行」八個字似乎即可概括大陸時期的國民黨，同樣的，以這八個字概括蔣經國，應該是雖不中亦不遠矣的一種評價。

民國三十六年，蔣介石任命蔣經國代理國立政治大學教育長人事案發布，引發了政大史上最大的一宗學潮。其實，學潮只是暗潮洶湧之表象，隱藏在後的導火線卻是蔣氏父子在民國三十五、六年間積極推動的三民主義青年團併入國民黨方案，團黨合併造成暗潮洶湧，其潛藏的激流更突顯了蔣氏父子意欲整頓黨務，以及陳果夫、陳立夫兄弟擔心被奪權拔樁，從而發生權力推擠、撞擊一個突出點，但這個突出點卻是觀察此一階段的蔣經國的絕佳視角。

抗戰後期，蔣經國秉承蔣介石之命，離開贛南這個政治主戰場，來到黨政軍眾星雲集的陪都重慶，開始進入國民黨政權核心體系，嶄露其強烈之企圖心。蔣經國因介入團黨之鬥爭，與陳氏兄弟之間的矛盾日益尖銳化、表面化，在第一回合的鬥爭中，蔣經國始終以父親爲依托靠山，不斷利用機會弱化蔣介石對陳氏兄弟的信任。

蔣經國與陳氏兄弟的鬥爭的導火線起於國民黨培養幹部的搖籃「中央政治學校」，長期以來，這所學校主要是由陳氏兄弟的ＣＣ派控制著。

民國三十二年三月，蔣介石在重慶召開的三民主義青年團第一次全國代表大會，支持蔣經國的提議，通過成立「三民主義青年團中央幹部學校」，蔣介石並擔任校長，蔣經國任教育長，以培養其父子的嫡系部屬。這引起了陳氏兄弟的警覺。

抗戰勝利後，蔣介石下令將蔣經國主控的中央幹校和陳氏兄弟長期擔任教育長的中央政校合併，兩校遂計畫於民國三十五年在南京合併成立「國立政治大學」。於此同時，由蔣經國主導的三青團也併入國民黨的黨組織。

殊不知，蔣介石此舉在中央政校內部醞釀了相當程度的反彈。中央政校是一所歷史悠久的學校，其前身是國民黨的「中央黨務學校」，北伐以後乃至抗戰時期，從中央黨校乃至之後的中央政校畢業的學生，均有機會分發至全國各地擔任縣長，或派赴中央單位擔任公職。早年，只要陳氏兄弟的一紙便條手諭就可走馬上任，其威權可見一斑。抗戰勝利後，中央政校自重慶復員回南京，在校師生即有一千多人，這些青年都是國民黨的生力軍，更被視爲陳氏兄弟的嫡系人馬。

政大學潮事件無疑是蔣經國自回國以來最大的一次挫敗。時人總以權力爭奪的角度看待之，然而，此一事件是否果眞如此單純？從蔣經國致蔣介石之家書觀之，政大學潮事件似乎並非如此簡單。

首先，蔣經國對陳果夫、陳立夫早就心生不滿，認爲他們兄弟是國民黨黨部組織混亂，黨務工作績效不彰的主要禍源，因此，雙方劍拔弩張，水火難容。民國三十四年二月二十五日，蔣經國寫信給蔣介石，就直率進言：「民間流言『黨有二夫，政有二之，四兇不除，速國之亡』令人聞之能不驚心？際茲革命達於嚴重階段，亦即爭取成功之最好機會，欲求吾黨新生命之發展，實非有澈底革新不可，而為黨國前途計，亦不能不排除萬難，打破常例，以培養黨之新生命，領導青年幹部，把握適當時機，而實行偉大之歷史變革。」

「黨有二夫」，擺明就是在說陳果夫、陳立夫兄弟及其所代表之黨務系統之CC派人馬（按：另所謂「政有二之」，應係指孔庸之祥熙及何敬之應欽）。蔣經國並影射他們只知道做官，逞其私欲，說：「迨南京奠都，黨員之做官慾日增，一般幹部憑藉以往功勛，驕奢淫逸，鬥爭勇氣隨以消磨，黨內思想之紛歧龐雜，實由始於此。」言下之意，亟欲除之而後快。

接著又說：「今日本黨之大弊有二：一曰黨員與主義脫節是也，由前之弊，使黨員遠離民眾，形成特殊階級，由後之弊，使幹部陽奉陰違，遂其所以自私自利之企圖，因是大人之意志無由貫澈，人民則有不見天日之慨，至於小組織、小圈子，無所而不使青年退避三舍，望而生畏。」

可見，蔣經國對陳氏兄弟之成見既深，更印證其鬥爭之激烈，早在抗戰勝利之前即已露出端倪。蔣經國不僅對他們二人，更對他們的所作所為有極大之不滿，因此以自己對黨務的認識，向蔣介石提出了改革建言。「一、屏斥官僚、政客、財閥，淘汰假革命與反革命份子，選拔爲民眾所信仰之優秀幹部，參加本黨領導機構；二、改組中央黨部，將目前數千人員之事務機構，變爲簡單、靈敏，由百數十人組成決策政略之首腦部；三、實行「寓黨於政」、「寓政於民」之原則，使幹部不以辦黨爲職業；四、集中全黨力量，實行民生主義，確立民生主義之財政、經濟、教育與土地政策。以上所陳雖或未免操之過激，但唯有澈底改革，刷新黨務，方能號召全黨，激勵士氣民心，使奸黨受有力之打擊。」

政大學潮事件前夕，蔣經國更在民國三十六年二月十七日的家書上批判黨務體系處理團黨關係問題的失策，並痛陳團黨已爲某一派系所把持，說：「目前團黨問題之癥結，在本黨掌握政權以後，黨政漸告分離，原來黨的中堅力量以組織爲中心，日漸擴大形成控制之勢。其他軍政負責同志以黨之領導機構實不足以反映各方面之意志而代表全黨，遂日之爲某一派系所操縱，而不服從其領導。因之，各自爲政，各行其是，漸至各成派系，互相攻訐，互相推諉，黨之決策與幹部之行動於是日趨分離，遂失其作用，政亦無所成就。」這些批判，或明或暗均指向陳果夫、陳立夫兄弟，更道出青年團在國民黨內部無法獲得認同，不被看做是「自己人」的現勢。蔣經國對青年團不受黨組織重視頗多微詞，更有感於黨政軍和青年團分崩離析的後果，故而痛陳：「青年團成立以來，以黨之中心力量自始即不視之爲黨之新細胞、新血輪，而予以領導、扶植。團部若干同志亦認團爲黨以外之政治組織，並藉此力量以與黨之控制力量相抗衡，或賴以增強黨內發言之地位，遂致形成黨團對立，互相磨擦，黨卒不能賴團之產生而獲得新生，團之幹部既重視政治地位之爭取，自不免忽視青年本身之工作，而漸與青年群眾脫節，且不獲為青年群眾所信仰，故團對於組訓青年、團結青年之任務，亦無由達成。黨內中心力量之擴展與青年團固有作風之延長，迄今已漸成黨政軍團各成派系，分道揚鑣之勢。」

由此可知，由於蔣經國與陳果夫、陳立夫兄弟在黨團理念上的落差，由於雙方派系的相互傾軋，由於既得利益者意欲固守權位，不願和蔣經國分享權力，以至矛盾與衝突日漸擴大，終至不可收拾。政大教育長職位之爭奪與攤牌正是雙方長期隱忍的矛盾關係的第一次爆發，加之當時學潮頻傳，大學罷課、示威者屢見不鮮，遂使得國民黨的家醜不脛而走。

【政大學潮事件】

中央幹校和中央政校兩校合併為政大後不久，剛好北平、上海及全國各地大學生風起雲湧鬧學潮，某日，學校公告欄貼出一張人事命令，宣布政大之教育長由蔣經國代理。這時，學潮風吹進了政大，激動的學生在公布欄前大聲喊道：「老子任命兒子，難不成是要拿我們當孫子呀！」

在場的政大學生情緒被挑動之後，群起高喊：「我們不要當孫子學生！」群情激憤之下，又有人喊道：「反對兒子教育長！反對父子家校！」更有幾個學生領袖當眾把布告欄裡那張人事命令上的「蔣中正」三字塗得污穢不堪，還有一名學生在布告欄上打了個大叉叉。很快的，原本只是反對蔣經國代理政大教育長演變成全校罷課的學潮，有學生在校門口掛上巨幅布條，以斗大的毛筆字寫上「政大學生一致堅決反對任命蔣經國為本校教育長」。

政大爆發學潮的消息披露之後，引起京滬人士廣泛的注意，蔣介石聞訊，認定是有心人士幕後策動，因此勃然大怒，立即召來陳立夫嚴厲責問，「為何連政大都帶頭鬧學潮，成何體統？」命其徹查、嚴辦，趕緊恢復上課，別被外人看笑話。孰料，陳立夫卻向蔣介石報告說，據他私下了解，反對蔣經國代理教育長的不是CC系統的學生，帶頭擴大事端的是青年軍復員的學生，言下之意，是蔣經國系統自導自演的「苦肉計」。講來自然，但仔細思量，顯然有悖常情，蔣介石聽完陳立夫的報告，氣得臉色鐵青，不發一語。

蔣介石大發脾氣，陳立夫明白事態嚴重，從蔣介石官邸退出後，火速回校，發動學生將校園內的標語清理一空，換上新布條，以斗大毛筆字寫「歡迎蔣經國教育長蒞任視事」。

蔣經國是個自尊心極強的人，心裡一肚子怨火無處發洩，閉門謝客，頹唐失意了好幾天，最後奉蔣介石之命，向教育部自動辭職，一場風波才算全部平息。蔣經國還沒走馬上任，卻以自動辭職收場。

蔣經國在三月十五日的家書中稟告蔣介石，說他「於最近二星期之內，曾以全力設法平息滬、平二地之學潮，共黨企圖煽動第二次學潮之陰謀雖已遭打擊，但我方之組織尚甚薄弱，而且並未取得主動之領導地位，今後學潮尚有隨時發生之可能，故擬以加強學校組織，為目前之工作重心。」可知當時蔣經國負責青年工作，因此，全國校園裡的學潮與學生運動亦成為他必須應付與解決的麻煩事，而他更大的心頭重擔是即將要到政大上任，他出動了原有中央幹校系統的門生故舊，希望能為平息學生運動找出一帖方劑，可是，他萬萬沒有料到自己竟已成為學潮的箭靶子。

三月十四日，蔣經國寫信告訴蔣介石說：「兒於昨日午夜被鼠擾醒後，久難入眠，即起身舉筆寫成〈告幹部學校同學書〉一封，敬呈大人閒中一閱。……關於平津、上海之學生運動，已通令各地不作遊行與罷課之舉動矣。兒今晚召集留京之幹校教授談話，商討改進政治大學校務之意見。」然而，蔣經國呈給其父親閱讀的〈告中央幹部學校同學書〉這篇文稿固然未明白提及政大教育長之事，但字裡行間已透露出蔣經國處理政大學潮事件的原則，而此一原則其實亦隱隱約約可見蔣介石要蔣經國自政大退出的意涵，其內容如下：

告中央幹部學校同學書

各位同學：

我們組織校友會的目的，主要的是在於發揮同學們的革命事業的理想，千萬不能把校友會看做一個排斥異己，攘權奪利的政治小集團，如果存著這種觀念那是極大的錯誤，因此有幾點最須注意的事項，想告訴各位同學：

一、我決不可關起門來和社會隔絕，要實踐理想，必須要有眾多的朋友，所以校友會應當作爲聯絡志同道合的朋友的機構，我們的事業一定要以群眾爲基礎，才有成功的希望，所以幹校的學生必須要和群眾打成一片，要眞心的爲群眾造福，大家要知道脫離了群眾就是一條死路。

二、絕對不可把校友會當作保障個人工作和生活的小團體。而要著重於互勉互助，使每一位校友都在工作中、鬥爭中堅強起來，成爲強有力的革命鬥士，處處要注意到做人的態度和工作的精神，決不可以校長或師長的名義，來誇耀自己，而趾高氣揚，那種作風足以毀滅自己，毀滅學校。幹校的學生決不可自傲自大，決不可露鋒芒，必須做到謙虛和大方的基本要求。

當我在贛州擔任縣長的時候，校長曾經訓示我說：「吾家子弟愈能隱藏則愈不受人忌嫉，亦即所以報答祖先之福澤，爲後世子孫多留餘蔭也，此乃壯年人尤其汝等不可不知也。」這段訓示的意義，是非常深刻的，我在自己的工作和生活中，無時不以此而自勉自反，你們是校長的學生，校長的子弟，所以我將校長這段訓示轉告各位同學，可做爲你們做人做事的方針。

三、我們在外工作必須要注意服務的道德。所謂服務的道德，簡單的說就是服從長官、盡忠職守，如有傲慢自負的態度，工作鬆懈的頹風，就不配爲校長的學生，所以我們應當時時反省，謹慎自持。

我們既有事業理想，當然不能不關心政治問題，但是在目前的環境中，最重要的還是在於發揮埋頭苦幹的精神，這比較從事攘奪的政治鬥爭要有價值得多。尤其是在今天利慾橫流的時候，我們更應當表現公忠體國的精神，青年人在外做事不易，做人更不容易，希望大家小心翼翼，埋頭苦幹，惟有如此才能夠得到社會廣大的同情，奠定事業的基礎，亦祇有如此才對得起我們的校長。

蔣經國　啓三月十四日南京勵志社

在蔣經國發出這封信和附件〈告中央幹部學校同學書〉的同時，除了政大，各地的學生運動正因中共日趨活躍等因素日益高漲，台灣並發生二二八事件，蔣介石父子鎮日忙著在中國各地滅火。

三月十五日，蔣經國致書其父親說：「在學生運動方面，目前正在進行組織『全國學生護權聯合會』，并可將此組織打擊共方之所謂『抗美暴行聯合會』。」說明蔣經國此時主要的任務是要平撫與鎮壓疑由中共地下黨主導之學生運動，另一方面，國民黨內部的黨團之爭亦正值鼎沸，所以，三月二十一日，蔣經國寫信跟蔣介石說：「關於台灣之報告，擬俟中央團部視導人員由台返京後，較有更多之材料時再作報告呈閱。目前黨團之間，鬥爭甚烈，但多爲派系利害之爭，而並非以革命之成敗爲立場。兒不慣亦不願參加任何之派別鬥爭，一本既定之立場，不顧個人之成敗，而努力於本崗位之工作，自慰自勉，兒心足矣。日內，兒擬約見各地來京之團部工作人員，作個別談話，俟團員總甄核工作完畢後，對各地團部擬作整個之調整。」

四月二十三日，蔣經國正式向教育部遞交了辭去政大教育長的辭呈，並寫信向蔣介石報告，說：「兒已遵命正式向教育部辭職。近日來青年軍與青年團之工作皆甚忙碌，惟自政治大學之風潮發生以來，兒已數夜未得安睡，兒之所思慮者決非個人問題，乃兒深知大人近年來爲國憂煩之深重，爲兒者在事業上既無所建樹，以樂大人之心，如再因兒輩之工作與行爲諸問題，而加重大人之憂苦，實爲兒不孝之大罪也。……此次因兒代理政治大學教育長而發生之學潮，不但使大人煩心，而且有損大人之威望，爲兒者不孝之罪大矣。此事之發生使兒對於本身之處境，以及事業之前途，得能有更進一步之認識，實有所警惕也，在此春間深夜旅寓所想念大人之辛勞，以及我父子處境之苦難，不覺淚下。」

政大學潮事件是蔣經國回國之後，遭逢之第一樁個人仕途大挫敗，也是蔣介石初次試探「子承父業」權力交班的挫敗。此事縱然非戰之罪，卻爲蔣經國投下巨大陰影，亦象徵著蔣介石在黨內勢力的微妙變化，強人的威望受到空前嚴峻的考驗。

貳、危機處理

一、幣制改革：發行金圓券

外有良將死士馳騁於疆場，內有謀士能臣輔弼於左右，毛澤東運籌於帷幄之中，決勝於千里之外，他運用優越之情報及戰術、戰略，談笑用兵，勢如破竹；反之，蔣介石卻處處陷於被動，進退失據，在南北戰場上處處吃虧。擁有新式美軍裝備的國軍精銳部隊在東北一役慘遭滑鐵盧，被小米加步槍的人民解放軍打得落花流水，潰不成軍。蔣介石手下的軍隊越打越少，毛澤東手下的軍隊越打越多。

戰場失利，使得蔣介石內外交迫，捉襟見肘；後勤空虛，更讓蔣介石焦頭爛額。

戰場失利，使得蔣介石內外交迫，捉襟見肘；後勤空虛，更讓蔣介石焦頭爛額。在此同時，受連年征戰拖累的國內經濟已成國府的噬臍之患，日益嚴重的惡性通貨膨脹迫使政府必須在沒有美援等外力支持下施行金融改革心肺復甦術，企圖扭轉法幣成爲廢紙的困境，蔣介石懷抱一線希望，一方面想要在軍事上和毛澤東決戰華東（江北），一方面想在政治、經濟等各領域做最後一搏，馳名中外的「金圓券政策」就是在國府內外交困之際應運而生者。

於今觀之，發行「金圓券」自是一極端失敗的金融舉措，如果不是發行「金圓券」，於國府軍事挫敗之餘火上加油，鑄成千古大錯，深化國府的覆亡危機，恐怕蔣介石還可以擁有更多的戰爭籌碼，與毛澤東一決雌雄。一言以蔽之，國府之覆亡，是亡在蔣介石選擇了一個錯誤的時機——抗戰勝利百廢待舉之際，用了一群錯誤的人——翁文灝、王雲五……，去落實一個錯誤的政策——金圓券「幣制改革」政策。

民國三十七年八月十九日，金圓券「幣制改革」政策正式實施。

時任財政部政務次長的徐柏園描述了當時的情形，他說：

> 張岳軍先生接長行政院後，徵用金融前輩原任東北經濟委員會主任委員的張公權先生爲中央銀行總裁。是時外匯匯率仍繼續波動，不得已乃採用實際匯率辦法追隨黑市，自同年八月十九日起，調整匯率爲三萬九千元，合美金一元。以後逐月調整，到第二年五月，實際匯率已調整到三十九萬九千元對美金一元。
>
> 恰當此時，政府實施憲政，主席蔣公當選第一任大總統，於五月廿日就職，特提名翁文灝先生爲第一任行政院長，同時辭去四聯總處主席職務，由翁院長兼任四聯主席。俞鴻鈞先生二

度出長央行，王雲五先生任財政部長，我仍以四聯秘書長兼任財政部政務次長。不久東北戰事失利，國內局勢亦趨緊急，通貨急遽惡化，必須另謀出路。七月底翁院長邀集今總統嚴公（台灣省財政廳長兼美援會聯絡人）、劉攻芸（央行副總裁）和我，到他官邸裡商談要事。他拿出一項文件，原來是王部長親自草擬，也是他親自抄寫的〈金圓券改革方案〉草案，直接簽報總統蔣公，奉批交翁院長研究的。翁院長囑咐我們，要絕對保守秘密，並望詳加研究。

我們奉到這重大使命，誠惶誠恐地研討幾次，對王部長原案，提出若干修正意見。隨後在七月二十九日，由翁院長邀同外交部長王世杰、財政部長王雲五、央行總裁俞鴻鈞和我們三人，一同飛杭州，轉莫干山，謁見總統蔣公報告。又商討兩次，於八月十九日頒布〈緊急處分令〉，公布四種辦法，計有：（一）〈金圓券發行辦法〉：規定以金圓為本位幣，法幣及東北流通券均停止流通。法幣三百萬元，換金圓一元，東北流通券三十萬元換金圓一元，採十足準備制。金圓券發行總額以二十億元為限。對美金匯率，為金圓券四元合美金一元。台灣幣准繼續流通。（二）〈人民所有金銀及外幣處理辦法〉，公布黃金白銀及外國幣券國有政策，人民持有之金銀外幣，應於九月卅日以前，持向當地中央銀行兌換金圓券。（三）〈中華民國人民存放國外資產登記管理辦法〉：限令國人在國外存放款項，必須向政府登記，以便管理。（四）〈整理財政及加強管制經濟辦法〉：加強管制經濟，凍結物價，限定全國物品及勞務價格，按八月十九日標準，折成金圓券出售，不得變動。

主持金圓券幣制改革之財政部部長王雲五在其自述《岫廬八十自述》中表示，當他把「幣制改革」方案呈送給翁文灝院長閱後，兩人先行交換了意見，第二天即同往謁見蔣介石，在蔣介石面前逐條申述理由。蔣介石對王雲五提出的方案表示贊同，但為了慎重起見，蔣介石指定俞鴻鈞及徐柏園等三位「專家」，協助翁院長和他詳加研究，並草擬各種有關金圓券幣制改革之辦法。

王雲五服務公職時，履歷表上的學歷只寫了短短兩行：「同文館英文第一級修業、美國萬國函授學校土木工程全科修業」，眾所周知，王雲五根本是自學苦讀出身，沒有正式學歷文憑。翁文灝係中國早期之地質學家，曾留學比利時天主教魯汶大學，獲得地質學博士學位。綜而論之，上自行政院院長翁文灝，下至財政部部長王雲五，這兩位主管財政金融的首長居然都是金融操作和經濟實務的門外漢，將國家財政委諸其人從事改革，焉能不崩解？

根據徐柏園的說法，這三位奉蔣介石之命的「專家」誠惶誠恐研討了好多次，對王雲五的草案提出了若干修正，但王雲五稱，經過三位「專家」的修正，其實並無太多改變，換句話說，攸關國府最後命脈的〈金圓券改革方案〉基本上都是按照王雲五的原案，即使稍作修正，也和原草案幾乎完全相同。王雲五在《岫廬八十自述》中自白：「七月九日至七月二十八日之兩旬間，我與翁、俞及專家三人成立小組，逐日就我原擬方案詳加研討，並進一步草擬具體辦法。」

七月二十九日，王雲五偕往莫干山，當面請示蔣介石，俾能當著蔣介石的面當場拍板定案。莫干山會議，〈金圓券改革方案〉經蔣介石同意後定案，蔣介石並決定八月十九日爲實施幣制改革的日期。八月十八日下午三時，國民黨召開中央政治會議，王雲五列席說明全案狀況。

王雲五日後在其回憶錄《八十自述》中說：「八月十八日爲改革幣制之前夕，我特別忙於種種準備。查過去一月有餘，爲著高度保密起見，甚至各種文件的起草和謄正，也都是自己一手辦理，不肯假手他人。直至莫干山歸來因需將各種文件複寫若干份，俾小組會議得作細密的文字修正，始令財政部秘書趙伯平（冠）到我家擔任複寫。因該案與錢幣司攸關，其中也有些準備工作，不能不令該司司長王撫洲親自辦理，故又開始使其與聞。到了十五日左右，因對外宣傳關係，不能不把全案文字譯爲英文，遂又委託財政部公債司司長陳炳章在家擔任英譯。以上財政部的高級職員三人，均能恪遵指示，嚴密辦理，一點都沒有走漏內容。」

縱使王雲五及相關官員保密措施到家，但百密一疏，幣制改革的機密仍被部內官員事先洩漏，導致日後軒然大波，王雲五在《岫廬八十自述》回憶道：「本日（十八日）我因要以全副時間處理此案，所以全日在私寓辦事。午前徐次長柏園來寓商洽公事後，我即將錢幣司王司長所擬，命令各銀行、錢莊及交易所暫停營業之電稿，交其帶回部中整理拍發。徐次長到部後，即令主任秘書徐百齊在次長室整理擬稿，稿中對於開始停業之日期及停業日數均留空白，未予填明。擬就後，即由徐次長於午間散值後，攜到我家，待我判行。八月十九日實行幣制改革，上午一時左右，由徐次長攜同整個方案最後條文，至四聯總處秘書處，監同若干職工從事謄正和油印，以便今日下午兩次會議時，據以討論。此次工作係在深夜及清晨爲之，故無有知者。」

但是，王雲五所稱之「無有知者」——沒有人曉得幣制改革發行金圓券的機密，紙焉能包得住火，王雲五在自述中提及之受徐（柏園）次長之命，在次長室負責整理擬稿的主任秘書徐百齊就是洩露此一絕對機密的工作人員。

徐百齊是王雲五擔任經濟部部長時的主任秘書，追隨王雲五到財政部擔任主任秘書，又推薦老同學陶啓明任薦任秘書。徐百齊由於受命草擬幣制改革後有關命令各銀行、錢莊及交易所暫停營業之公文稿，故而得知即將實施一項幣制改革。徐百齊在與陶啓明閒聊時談起此一機密，陶啓明隨後即令他的妻子李國蘭連夜趕往上海拋售股票。

屬於國府最高機密的金圓券發行計畫就這樣壞在一個小小薦任秘書身上，王雲五事後也因而受到蔣介石的責備，並「遭受懲戒」，只是，王雲五受懲戒及遭蔣介石怒斥事小，金圓券發行政策失敗及嚴重衝擊國計民生事大。

二、管制經濟

在發行金圓券，實施所謂幣制改革的同時，國府當局發布了一項〈整理財政及加強管制經濟辦法〉，加強管制經濟，凍結物價，限定全國物品及勞務價格，按民國三十七年八月十九日標準折成金圓券出售，不得變動。

爲了配合推動金圓券幣制改革計畫，蔣介石在「內無可使之將，外無可調之兵」的情形下，不得不調動最值得他信賴的兒子，扮演臨危授命的救火隊，讓蔣經國擔起上海經濟管制的前線指揮者。

所謂打老虎，主要分爲兩個方面的工作。一是配合發行金圓券及幣制改革，加強管制經濟，凍結物價，並且嚴打企圖在十里洋場囤積居奇的奸商；二是強迫人民（包括資本家）乖乖把手上的黃金和外幣，雙手奉上，去中央銀行兌換新發行的金圓券。

再次接奉父親處理棘手難題的指示，基於前車之鑑，蔣經國不免誠惶誠恐，七月二十八日趕忙修書向父親表達希望自己只扮演「幕後協助，或從旁襄助，而不直接出面」之角色。

父親大人膝下：

敬稟者，兒定明晨赴嘉興主持夏令營之營務會議，當日或即可去上海，并擬在申留二、三天後，再返南京。對於一個月來上海方面經濟管制之準備工作，將作初步之檢討。經濟管制工作確極重要，兒決不計個人之地位與成敗，而將盡所有之心力，而去完成此一艱難之任務。但以目前上海環境之複雜而論，且爲顧及 大人於今日處境之難，兒對此工作願作幕後協助，或從旁襄助而不直接出面爲宜，兒如能出任管制委員會委員之一，同時發表爲上海警備副司令，則對於上海經濟管制工作定將有更大之幫助，區區愚見。

顯然，蔣經國是受了好幾次國府內部權力鬥爭挫折的刺激，且自知不懂經濟，更不清楚貨幣發行，不敢輕易再次寶刀出鞘，以免重蹈覆轍。

蔣介石明知任用蔣經國必在黨內招致眾多異聲，重重阻力之下，蔣介石猶且再三重用蔣經國，除了出於愛子之心，更與蔣經國多次在函電之中表達對貪官污吏之不滿，及願爲父親分憂解勞有密切之關係。例如，民國三十六年一月五日，蔣經國致書蔣中正，信中即洋溢著視民如傷的情懷。

父親大人膝下：

敬稟者，南京米價連日上漲，每擔價格已近一百二十萬圓。兒曾派學生八人，赴中華門一帶調查貧民生活狀況。據報，一般人心，確因米價高漲而惶惶不安，且有因米貴而受餓者，此

事對首都之民心影響甚大，請　大人即令糧食部設法抑平糧價，市政府應在貧民區內舉辦施粥廠，救濟貧苦之居民，以安人心此請

福安

兒經國跪稟　元月五日

民國三十七年六月二十六日，蔣經國又寫信給父親蔣介石說：「上海經濟問題確極嚴重，兒對此事經過詳細之調查，擬定一方案呈請　大人核示。但非下最大之決心，實不能使此方案得能實施。但事已至此，殊非如此，不能挽回今日之大危機矣。在此危急之際，一時之成敗不足以論是非，祇要吾人中心之意志不變，奮鬥之步驟不亂，應進則進，應退則退。深信　大人之政治理想必有實現之日，不過時間上之遲早而已矣！」

這封家書傳遞了一個訊息，赴上海打老虎固然是奉蔣介石之命，但是，在上海實施「經濟管制」，蔣介石是聽信蔣經國之意見，才下定決心要在上海「打老虎」的。然而，蔣經國在七月二十八日寫信告訴父親，他希望自己僅僅扮演「幕後協助，或從旁襄助，而不直接出面」。蔣介石清楚自己兒子是怕重蹈覆轍，怕再度招致國府內部爭鬥，想走上第一線，又怕受傷害的矛盾心境。

八月二十三日，這一天是蔣經國奉蔣介石之命赴上海擔任經濟管制工作的首日，他寫信給

蔣介石，說：

父親大人膝下：

敬稟者，兒已正式在中央銀行督導員辦公處開始工作，今後自應盡力協助俞總裁辦理一切。今日之市場狀況，以及兌換情形尚好，但有若干問題必須切實注意，并設法解決之。一、金鈔兌換之數量愈大，而流通於市面之金圓亦愈多，商人必將用金圓購買物資，如此必使物價上漲；二、香港之走私以及套匯不能消滅，必將形成金鈔買賣之黑市；三、國營以及公用事業在最近期內決不可漲價，否則決難控其他物價；四、目前棉花之價格高過於紗布，故紗布之價必將提高，此亦可使市場波動。

美援物資如何運用，使其能作爲平抑物價之用，請　大人命令有關機關切實研究、執行。今後在工作過程中，重大問題向大人請示與報告外，其餘問題皆擬就地解決，以免多煩　大人之心也。前奉諭調查物資供應局所存之用食品罐頭尚有多少，據報該局已有詳細報告，呈請大人核示矣。上海連日大雨，氣候轉涼，一切自當留心。請　大人放心。敬祝　大人福體康健此

請

福安

兒經國跪稟　八月二十三日

信中所謂的「今後在工作過程中，重大問題向大人請示與報告外，其餘問題皆擬就地解決，以免多煩　大人之心也」其實又何嘗不是「將在外，君命有所不受」的另一種形式說法，蔣經國似乎是明白告訴蔣介石，除非遇見不可解決之大事，其餘一概自行處理，先斬後奏了。

儘管有父親悉心關照，一路提拔，但是，蔣經國的宦途其實並不如外人想像的順心，如今蔣介石命其赴上海擔任經濟督導員，大權在握，無異予蔣經國大顯身手的機會，恰可放手一搏，表現自己的眞本領給黨內政敵看看。蔣經國心知責任重大，自是不敢稍存懈怠，得令之後，旋即組織班底，趕赴上海就任。

奉蔣經國之命，到上海執行經濟管制工作的僚屬王昇〈時爲戡亂建國總隊第六大隊大隊長，官拜少將，是上海戡建總隊的實際負責人〉在其口述回憶錄中提及有關幣制改革與〈緊急處分令〉，王昇只是從報紙上知道一點點的消息，對於全部的內容，並不完全了解。在這一處分令發布的第二天，蔣經國約見王昇，見面的第一句話是：「你去接范魁書。」接著說：「六大隊調上海，協助經濟管制工作，你這就去上海。」上海經濟管制督導員辦公室設在上海中央銀行樓上，蔣經國曾在私下裡表示：「像我這樣的粗人，竟會同銀行發生關係，眞是出人意料之外。」

老百姓見政府公布的〈緊急處分令〉的相關辦法及法令中明定，未依規定時間將黃金、白銀和外幣兌換成金圓券者，不只財物會被沒收，還會被抓捕入獄，由於恐懼，循規蹈矩的只好老老實實前往銀行兌換。

所以，蔣經國到上海履新之後，在給蔣介石的第一封家書上說：「今日之市場狀況，以及兌換情形尚好。」王昇則回憶說：「上海人支持幣制改革與〈緊急處分令〉的要求，以行動來表現：將家中、庫存中的黃金、美鈔、港幣等外幣，持往銀行去兌換金元券，並形成了類似『擠兌』的人潮。」並說他親見「在上海中央銀行門前，人們手持黃金、外幣，從上午八、九點鐘前來排隊，要到十一、二點鐘，才能走到窗口，完成兌換的手續。一眼看過去，在銀行門前排隊的人，並不都是有錢的大亨，而大部份是中、下階層的人，是大眾！有的甚至是從淪陷區逃出來的難民。這現象說明了大眾是支持政府這一決策的，人們對金元券的幣信，是有信心的，甚至是在愛國心的激勵之下，以毀家紓難的心情所作的乾坤一擲。」

裁縫出身的王昇，似乎過度美化了上海市民排隊擠兌金圓券的「愛國心」，與其說上海市民為了「愛國」而擠兌，不如說他們更畏懼半生心血積蓄的黃金、外幣被政府沒收充公，以至沒錢挨餓受凍，才會去擠兌金圓券。

冷眼旁觀擠兌民眾的《大公報》報導：「有許多人早晨六、七時排隊，到下午一、二時還沒有兌到。交通和中國農民銀行擠兌的人也不少，交通銀行只兌一百號就截止，中國銀行則因二十四日所發號碼未及全部兌清，今日起暫不再發新號碼。央行今日起雖委託大陸、鹽業等行代兌黃金，但因準備手續關係，大陸等銀行並未開始收兌。因此中央銀行兌金者更為擁擠，門警用盡力氣還不容易維持秩序。」

當年上海的傳媒引述官方統計，光是第一個禮拜，單單老百姓拿到中央銀行兌換的金銀外幣就價值二千七百二十餘萬美元。王昇指出，「在上海地區，由金元券兌換得的黃金，據中央銀行統計，約爲十二萬五千六百五十二兩，這是上海人的血汗。」

八月二十八日，蔣經國在致父親的家書上寫道：

父親大人膝下：

敬稟者，一、上海各大學之共匪學生，已於今日拘捕移送特種刑庭審辦，在拘捕過程中並未發生意外之事；二、數日來上海市場尚安定，根據滬市觀察之所得，提供有關經濟問題建議三條，敬呈 大人參考；三、如何運用市面上之大量游資，確爲目前之重大問題，否則必將刺激物價之上漲。除準備發公債，以及出售國營事業外，目前應將大量之剩餘物資，及敵僞產業拋售，則必能收平抑物價之效。

有關經濟問題，蔣經國則建議說：

（一）以八月十九日之物價爲限價標準，祇能暫行而不可久持。蓋除農產食物外，其餘五洋用品，由于外匯兌率之提高，一般工商業多不能維持成本；公用事業亦有同樣之困難，故如何斟酌實際情形，分區釐訂合理之限價標準，政府必須即行縝密籌劃。在宣傳上及實施技巧上，妥謀補救方法，勿使由此敞開方便之門，致令今後物價管制無法執行。

（二）銀行收兑金鈔之結果，連日各行頭寸均有鉅額差出，通貨膨脹無形中驟然增劇，加以舊法幣繼續通行，市上銀根乃造成空前之泛濫，近日物價上漲之原因，亦即在此。今後如大户金鈔出兑，市上游資更將充斥，爲糾正此項現象，除以各種方法吸收游資外，似可將舊法幣通行日期提前截止，先就京、滬、平、津、渝、昆、漢等大城市限期于九月底前兑清，自十月起即停止流通，則各金融中心之通貨將易於控制，而此項措施自亦有充分理由可資解釋，蓋當時政府頒布命令，原爲顧及國內地區遼闊，行局準備不周，故以三個月爲兑換期間，現各大都市銀行經辦情形良好，爲早日統一幣制，便利市場交易，自有提前廢止法幣之必要。

（三）爲鞏固金圓券之信用，今後將盡量限制發行數額，力求準備之充分，並以累進方式提高賦稅、藉謀財政收支之平衡，再則加強金融與物價之管制，以杜絕投機操縱之來源。此外，如撙節庫用、核實軍費，皆爲節流方法。良以財政上除加強管制與開源節流等原則外，實別無其他軌道可循，顧財政上之根本改革，若非假以相當時日，殊難收得宏效，目前爲鞏固新幣之信用，穩定新幣之價值，似仍須從考慮新幣本身之兑現問題入手，民無信不立，一切管制方法可以奏效于一時，但決非根本之計，倘政府能向國外借得相當數量之白銀，大量鑄造一元及五角之銀幣與輔幣，令人民隨時兑現，予以切實保障，則數月之後，人心大定，物價站穩，金圓券之信用必能厚植根基，決無貶值之虞矣。

這透露出上海市面經濟混亂的程度已經到了令人難以消受的地步。授命到上海擔任經濟管制工作，蔣經國得面對腹背受敵的一切窘境——共產黨發動的學潮、物價騰漲、惡性通貨膨脹……等林林總總的問題日益激烈，幾乎所有戰爭年代會發生的嚴重後遺症，都在民國三十七年秋天的上海，同時爆發開來。

不曾涉獵過財政、金融工作的蔣經國，手上握著槍，依照〈緊急處分令〉辦事。〈緊急處分令〉堪稱亙古之所未有，即使在日本佔領上海時期，乃至汪精衛僞政權時期，也不曾以如此強制手段，強迫老百姓將黃金、白銀、外幣等私人財物，兌換成貨幣信用還不確定的金圓券，明顯侵犯了老百姓的財產權，老百姓自是怨聲載道，憤恨不已。

雖然如此，許多老百姓基於對國府的信賴，仍義無反顧拿出家裡的金、銀、外幣，爭先恐後地前往中央銀行兌換。「這一景象，不僅使王昇深受感動，而且永誌不忘，成爲他對上海人的敬佩、感激、與至深的懷念，在他心的深處，常常感到是欠了上海人一筆債。」王昇的口述回憶錄說。

在兌換過程中還發生了許多預想不到的麻煩，例如銀行櫃檯經常爲了民眾送來兌換的黃金成色有爭議，而和民眾發生糾紛，爭鬧不休，致使收兌工作困難重重。更糟糕的是，由於金圓券發行之初未做好配套措施，又因金圓券的紙鈔未印有「金圓券」字樣，致使民眾認為這可能是以前沒有發行的法幣，於是對金圓券日後的發行數額表示懷疑，更離譜的是，將一批過去法幣通行時使用的舊式鎳幣臨時改做金圓券輔幣使用，一般百姓難辨真偽，以致議論紛紛。

鏡子

民國三十六年二月十七日，蔣經國在給蔣介石的信上說：「兒深知大人近來事多心煩，故不敢時來驚擾。兒近日閱讀梁啟操所著之《中國近三百年學術史》頗有心得，餘情續稟。」蔣經國可能不經意，誤將梁啟「超」寫成梁啟「操」。

但是，十一月七日，蔣經國在家書中說：「近來兒讀完《甲申傳信錄》（清錢甹只所著）及《東林始末》感想殊多。」

《甲申傳信錄》記述闖王李自成稱兵作亂，最後導致明朝滅亡的經過。全書十卷，卷一寫睿謨留憾（癸未八月至甲申三月紀）；卷二是疆場裏革（秦晉燕殉難諸臣並李闖糾賊附略）；卷三大行駿乘（甲申三月的京殉難諸臣）；卷四寫蹠遺臠（李闖拷掠諸臣）；卷五寫槐國衣冠（李闖除授京省偽官）；卷六寫赤眉寇略（李闖始末）；卷七寫董狐剩策（甲申前後楚豫燕齊事略）；卷八寫桑郭余鈴（吳三桂借兵復仇始末）。卷九寫戾園疑跡（偽太子始末）；卷十使臣碧血（左懋第北使殉節始末）。

在國共內戰最激烈的當下，蔣經國選擇閱讀明末李自成（闖王）稱兵作亂，席捲半個神州大地的故事——《甲申傳信錄》，是否恰與時代客觀氛圍有關，頗堪玩味。時序進入冬季以後，隨著時局的動盪不安，隨著國共內戰國軍節節失利，這本《甲申傳信錄》恰巧刻劃出當時的時代氛圍。

至於《東林始末》一書，作者為清代華亭人士蔣平階，主要敘述明代東林黨爭始末，從萬曆二十一年，吏部稽勳員外郎虞淳熙、兵部職方郎中楊于廷之中京察，終於崇禎十六年大學士周延儒之賜死，全書重點在講述齊、楚、浙三黨之紛爭。

又民國三十七年二月二十九日，蔣經國在信中告訴蔣介石說：「近來兒在京中深居寓所，每日除搜集材料擬寫一《東北交涉之回憶錄》外，溫讀《王陽明全集》頗有心得。」

之後，由於國共內戰局勢逆轉，國府當局逐步往台灣撤退，蔣氏父子偕同一般軍政人員撤退時的狼狽情境並不亞於《甲申傳信錄》描繪的明末喪亂情景，隨著時局的危急難測，兩蔣終日奔忙於兵馬倥傯，形勢一夕數變，無力回天，客觀環境已不允許蔣經國有多餘時日埋首讀書，只是，在國民黨喪亂存亡之秋，其所披閱的《甲申傳信錄》、《東林始末》彷彿預告國民黨大陸當權的時代即將隨風而逝。

三、上海打老虎

【吳國楨的不滿】

百姓好哄，企業家熟知經濟形勢，也深知政府的財政危機，對政府兌換金圓券的命令多半裹足不前，所以，眞正招致強大阻力的是蔣經國以強制手段逼迫企業家就範，要他們交出鉅額金銀外幣。

他採取一一召見，逐一脅迫的方法，強要企業家申報、登記資產，交出金、銀、外匯。上海「煤炭大王」、「火柴大王」劉鴻生，由於畏懼蔣經國威逼，被迫忍痛交出黃金八百條（每條重十兩）、二百三十萬美元、銀元數千枚；抗戰時期到美國爲政府奔走借款，受到蔣介石嘉許的上海商業儲蓄銀行總經理陳光甫，在蔣經國與之會面後，迫於形勢，交出一百一十四萬美元，「移存」中央銀行；金城銀行總經理周作民唯恐被蔣經國「召見」，嚇得不敢住在家裡，幾乎每天晚上得換住所睡覺，最後仍被蔣經國手下騷擾，萬不得已，只有托病住進上海虹橋療養院，但警察局仍窮追不捨，派人進入醫院，強迫周作民簽名具結，非經有關部門批准，不准擅離上海。

類似這種強兌黃金、強交美鈔，騷擾百姓的事不一而足，傳到上海市市長吳國楨耳裡，受美式民主教育的他自是氣憤不已。吳國楨具有濃厚之自由主義色彩（吳國楨畢業於清華大學，並赴美取得愛荷華州格林內爾大學學士、普林斯頓大學碩士和政治系哲學博士學位），怎可長久容忍蔣經國以雞毛當令箭，在他的管轄範圍上海市撒野。在吳國楨眼中，以不法手段強制壓抑物價，嚴打囤積居奇，或者強令企業家交出金銀，這都是嚴重侵犯人權的不義之舉。

爲此，蔣經國赴任上海經濟督導員不到一個禮拜，吳國楨即藉口和行政院意見不合，矢言辭職不幹上海市市長，可見其不滿當道的程度。八月二十八日，蔣經國在致蔣介石的家書中寫道：

父親大人膝下：

敬稟者，吳市長於今晨在市政府公開宣佈，謂其已向中央辭職，並自九月一日起不再辦公，今日兒與吳市長作兩次長談，在談話中，吳市長表示對行政院不滿，且對俞總裁亦有不滿之處，此事對於上海方面工作之配合有重大關係，請大人加以注意，此時決不可准吳市長辭職，并應加重其責任。敬請

福安

兒經國跪稟　八月二十八日午夜

吳國楨究竟何故想掛冠求去？眞如蔣經國在給父親的家書中所稱「對行政院不滿，且對俞

總裁亦有不滿之處」？或者是蔣經國蓄意隱瞞眞正理由？照蔣經國的說法，吳國楨萌發辭官念頭與他毫無關聯，但是，王昇的回憶卻依稀透露若干玄機。王昇的口述回憶錄寫道：「王昇到上海後，在事務上多如牛毛、任務上急如星火之中，想到的第一件事情，就是請見當時的上海警備總司令宣鐵吾與上海市長吳國楨。王昇以正常的想法，認爲上海在有關經濟管制的事情，與上海市政府有密切的關係，蔣督導員奉中央的命令執行經濟管制的任務，應該得到各方的配合與支持。戡建隊前來上海，在所有後勤支援方面，需要上海市政府的協助，在工作的配合上，也需要與上海市政府聯繫，而且請見這兩位首長，更是應有的禮貌。宣鐵吾欣然晤面，而吳國楨卻拒絕接見。

「王昇在與市政府聯繫的察言觀色中，好像市政府人員，對於戡建隊前來，全不當一回事情，甚至對經濟管制，也不當一回事情，這使王昇感覺到相當納悶，……是『官場』裡的分派分系中，吳國楨有意排斥外來的戡建隊？是上海市認爲經濟管制難以執行，將未來的成敗，任由蔣經國去負擔？是吳國楨在上海，已形成地方集團勢力了，不必理會中央？」

吳國楨拒絕接見蔣經國部屬王昇，這一動作明顯說明吳國楨打從一開始就對蔣經國存有敵意，等到蔣經國祭出鐵腕，以近乎法西斯的強勢作爲，在十里洋場強行落實經濟管制措施，隱忍多時的吳國楨終於無法壓抑內心積怨，除了以辭職表達不滿，更以極其強烈的話語表達他對蔣經國經濟管制措施的質疑，王昇的口述回憶錄中描述道：

王昇初至上海時，曾經請見市長吳國楨，不爲吳國楨所理會。但是，當青年服務總隊投入工作並造成聲勢以後，吳國楨卻又主動約見王昇，而且有一段語焉不詳的談話。

吳國楨問王昇：「你們這樣做，是根據什麼法？」

王昇說：「是根據政府頒佈的財政經濟緊急處分令。──我想市長先生應該看了這一項重要的法令。」

吳國楨問：「你們這樣做，能夠成功嗎？」

王昇答：「我們堅信，只要無私無我，一定會成功。」

吳國楨答：「在上海地區，如果失敗，有誰負責？」

王昇說：「我們竭盡心智，全力以赴，萬一失敗，當然由我們自己負責，決不將責任推給任何人。」

──吳市長如此約見王昇，如此問話，其對上海經管的不滿，溢於言表。以當時吳國楨的身價，當然不是針對戡建總隊一位大隊長而發的，那麼就是對蔣督導員的否定了。

「在上海地區，如果失敗，有誰負責？」吳國楨這話意味著他完全不認同蔣經國的做法，吳國楨認定蔣經國這批人是在上海胡作非爲，在亂搞，完全違反常規，註定要失敗。一位蔣家近親在談及上海打虎這段經過時，也認為蔣經國這種「暴虎憑河」式的打老虎行為不僅違法，更是違背人之常情。

連王昇都察覺到老闆和吳國楨之間明顯的「不對盤」，更別說當時甚囂塵上的傳媒了。任人盡知吳國楨是夫人派（宋美齡）健將，和宋美齡走得很近，是宋美齡相當欣賞的一位青年才俊。

上海打老虎，蔣經國與吳國楨結下的樑子，鑄成日後吳國楨憤而離開蔣介石統治集團的遠因。

【陶啓明案】

打老虎的野火繼續延燒，最後終於燒到宋美齡最疼愛的外甥孔令侃身上，宋美齡忍無可忍，差點沒引爆家庭革命，這才是蔣經國打虎中途折翼的主因。

一天晚上，戡建總隊接獲情報稱，有外地來的群眾，要在上海發動暴動，於是戡建總隊、青年服務總隊，全體動員，協助警察在重要路口漏夜佈崗。清晨一時左右，有一輛轎車，急駛而來，隊員生疑，並喝令「停車！」開車的人在緊急停車後，拔出手槍面對隊員，雙方都因生疑而緊張，幸虧隊員沉著，沒有拔槍，先報出自己身分，然後禮貌的問：「請問先生是誰，有沒有身分證？」

持槍的人說：「我沒有身分證，我叫孔令侃。」

這事，沒有任何意外發生，卻使王昇驚出一身冷汗。

回憶當時，王昇說：「情報是不確實的，是否有人故意設計要使戡建隊與孔令侃之間造成誤會，甚至發生槍擊事件？以及使孔令侃生疑，而打擊蔣經國呢？這就很費人疑猜了。」

處此空前嚴峻之經濟危機，新聞記者更緊盯財經官員，而身為上海經濟管制督導員的蔣經國又是蔣介石的長子，身分敏感，動見觀瞻，更引來眾多媒體注目。蔣經國的若干發言多次見諸報端，引起宋美齡不悅，甚至勞動宋美齡親晤蔣經國，耳提面命。

八月三十一日，蔣經國在致蔣介石的信上寫道：「母親大人於今午抵滬，兒已前往拜見，傳示　大人訓諭，自應遵辦，兒向來不喜多言，亦不願在報章上發表言論以及消息，但目前為配合工作計，不得不對外有所說明，且上海新聞記者極多，有時欲遠避而不可得，兒亦因此而極感苦煩，今後自應遵諭，少言多做，兒自知責任重大，無不小心翼翼，盡心力而作最大與最後之努力。請大人放心。」

自八月二十三日走馬上任，蔣經國始終採取低調策略，之所以招致媒體的關注，肇因於參加了戡建隊調駐上海之後舉辦之第一次記者會，發表了一段慷慨陳詞的講話。蔣經國在那次的記者會上聲言「寧使一家哭，不讓一路哭」，這話，意在宣示他決心打虎，以確保經濟管制的成功，乍聽之下沒有什麼瑕疵與不妥，但是，蔣經國的「一家哭」不論哪一家，必定是豪門巨室。

劉鴻生、陳光甫、周作民雖然情非得已地交出黃金、美鈔，但這些人還搆不上資格稱為「老虎」，真正的「老虎」豈為泛泛之輩？

為求速效，力求表現，蔣經國先生到上海不過兩個禮拜，已經有好幾隻「老虎」中箭落馬。第一隻被蔣經國槍斃的「老虎」是財政部秘書陶啓明，此君膽大包天，在得知金圓券即將發行的絕對機密之後，不僅唆使自己老婆拋售手中股票，更進而串通不法商人拋售永紗股票，從中牟取內線交易的巨額利潤。

之後，戡建隊陸續逮捕了上海警備司令部經濟科科長張亞民、稽察處第六大隊隊長戚再玉，以及與前行政院院長孫科關係密切的林王公司經理王春哲（一說王春哲為孫科經紀人），其涉嫌私套外匯，被戡建隊逮捕，後為上海特種刑庭判處死刑，經送中央複判，孫科多方運用關係要求槍下留人，致使中央一度延遲執行死刑，明顯感受到幕後人為運作的蔣經國即致書蔣介石，抱怨同志之間不能同心協力，而且時時掣肘，處處破壞。一方面表達莫名憂憤，一方面要求殺一儆百，以救眾人。他說：

父親大人膝下：

敬稟者，兒在本週所預定之工作計畫，已全部完成。下星期除嚴格管制市場外，并將積極整理銀行。在社會方面，擬注重於正當商人之保護，以及聯絡黨政軍各方面之關係，使工作更能順利進行。兒自在此工作以來，心中所最感憂慮者，即負責官員不但不能同心協力共同努力，且作破壞之工作，使政策之推行遭極大之阻礙。但無論如何，兒必將奮鬥到底，并以此報答　大人養育之恩。擾亂金融巨案林王公司，已由上海特種刑庭判處死刑，後送中央複判。今聞中央方面不擬將此案核准，如是事實，則對今後上海經管工作影響至大，請　大人對此事加以注意。兒非好殺人，而實爲救眾人著想也。兒已久離　大人膝下，想念之情殊深，下星期一（九月六日）市場如無重大變化，兒擬於是晚來京一行，並有要事面呈。敬祝　大人福體康健　此請

福安

兒經國跪稟　九月四日晚

蔣經國右手拎著尙方寶劍，左手提著自己腦袋在上海打虎，不到半個月時間，各方壓力紛至沓來，經濟督導員的位子逐漸讓他如坐針氈，一場大災難正在悄悄醞釀，「經國打虎」的序曲

剛開始，誰知竟已接近尾聲。

在打虎聲勢最壯盛的那段期間，十里洋場的傳媒紛紛以「蔣青天」、「打虎將」、「打虎英雄」、「中國經濟沙皇」稱之。如今，這一切即將成爲泡影，然而，從九月中旬一直到十月底，蔣經國依然努力撐持場面，希望能做最後奮鬥，力挽狂瀾。

父親大人膝下：

敬稟者，兒於昨日下午安抵上海，檢討以往三週之工作，確有因求好心之急切，而難免有多言之處，今後自應遵大人之命，除萬不得已外，再不對外發表意見。〈上海走向何處〉一文，本爲對內之講辭，擬作工作之指導綱要者，而今被若干報紙公開發表，實爲不妥，但亦無可奈何。今後有關宣傳工作，決定由謝然之同志負責辦理之。兒自問絕無自大之意思，一切皆能虛心反省，冷靜思慮，此則可告慰　大人者也。上海方面之工作，自應在加緊努力中求更大之進步。今年中秋兒恐不能奉侍　大人共度佳節，唯有在此祝　大人福體康健，精神勝常，敬請

福安

兒經國跪稟　九月十五日

父親大人膝下：

敬稟者，中秋節前後之上海市場甚平靜，今後將進一步從事於物價調節，及日用品配給之準備工作。兒自知有許多工作不必，甚至於不應親自去做，講話亦然。但如不做不講，則事情即不能推動，此乃最感痛苦者也，近來工作雖忙，但身體則甚健好，請　大人勿念，弟弟在電話中所傳達之大人諭示敬悉，一切自應遵辦，敬請

福安

兒經國跪稟　九月十九日上海

父親大人膝下：

敬稟者，上海方面之人心，因受濟南軍事之影響，自本星期三起頗有不安之表現。經多方之努力，本星期之物價仍平穩如常，目前正在研究並設法，不但能使物價平穩，并且能使其持久。今聞行政院有意自十月一日起調整價格，兒意在最近三個月之內，實係鞏固金圓券之信用爲最重要，故即使需要補貼，亦應在所不惜，最好能在國營公用事業，以及配給米維持原價之原則下，其餘物價可交各地物價審議會，自行處理，如此則必不至於影響整個之物價，否則必將發生嚴重而不可收拾之現象。以上淺見敬請　大人參考。兒近來體力甚健，請　大人勿念　敬請

福安

八、九月之交的經濟管制行動，蔣經國轄下的戡建總隊在上海逮捕的工業、金融界大亨多達六十餘人。據蔣經國及王昇在上海打老虎的部屬王章陵回憶，此次打虎行動中有十餘隻知名的「大老虎」中箭受創。

頭一隻被蔣經國尚方寶劍砍殺的「大老虎」就是陶啓明，但此案的玄妙之處，是它牽連出了許多案外案。像是「上海皇帝」杜月笙兒子杜維屏案，而杜維屏案爆發後，又迫使蔣經國追查孔令侃「揚子公司」囤積居奇案，孔令侃案未讓蔣經國得到大義滅親的美名，反而使得敲鑼打鼓的打虎行動無疾而終，遭逢重大阻撓，終致鎩羽而退，落得「虎頭蛇尾」的罵名。

話說八月二十一日《大公報》報導，稱某「隱名人士」在上海大量拋售股票，空頭投機牟利。這條新聞登時成爲滬上地區沸沸揚揚的話題，八月二十八日，總統府電令上海十餘個單位，動員一千餘人，限令在一週之內偵破此案，九月二日，上海警備部稽查處經濟組人員偵破此案，拋售股票的人爲李國蘭、李伯勤、楊淑瑤。

陶啓明因爲任職財政部，擔任部長秘書，因此最先知道政府要從事幣制改革，發行金圓券。上海警備部人員事後查獲一封陶啓明太太李國蘭寫給他的一封信，信上寫道：「啓明：你過去和現在擁有秘書、碩士、律師、推事一大堆官銜，這些官銜把你的頭腦沖昏了，捨不得離開南京，也不願去美，你猶豫，你徬徨，老實說，我可憐你，也更可笑你！」

陶啓明畢業於東吳大學研究院，民國三十三年在上海擔任執業律師助手，和同爲東吳校友的徐百齊私交甚篤；民國三十一年，與安徽籍的李國蘭結婚，生了三個兒子。李國蘭精明幹練，在上海交遊甚廣，日常以跑單幫，販賣金鈔、股票爲業，賺了不少錢，陶啓明則生活浪漫、豪奢，性好風流，時常出入舞廳，因此李國蘭經常抱怨陶啓明生活不檢點，陶啓明依然故我，夫妻生活並不和睦。

民國三十七年五、六月間，任職財政部主任秘書的徐百齊，引薦陶啓明進入財政部擔任秘書。二個月後，政府計畫幣制改革，八月十八日（星期三）上午，徐百齊於有意無意間與陶啓明談及金圓劵發行計畫，政府將通令全國銀行、錢莊業暫停營業。陶啓明得此消息後，心知股票市場必有巨幅波動，急欲脫手持有之股票，特地於第二天請假一天，並隨即央託友人徐壯懷（資源委員會所屬南京中國石油公司主任秘書）代購一張當天下午飛上海之機票，急飛上海，找到妻子李國蘭。陶妻即與其兄李伯勤、友人楊淑瑤於八月十九日抛售手中永紗股票，計李國蘭、楊淑瑤各二百萬股，李伯勤三百萬股，一說李國蘭抛售四百萬股，獲利達八十億元法幣。該案偵破之後，陶啓明被判處死刑，槍決正法。

戡建總隊人員在查緝陶啓明案的過程中發現了一宗案外案。原來，李伯勤、李國蘭、楊淑瑤賣出的股票經手人是杜維屏，杜維屏是上海鴻興證劵號負責人。戡建總隊人員調查陶啓明案時，杜維屏曾遭到傳訊，經查杜維屏在陶案中係擔任股票售出的經手人，陶啓明妻子李國蘭就是在杜維屏的鴻興證券號賣出四百萬股股票；上海經濟警察還進一步查獲杜維屏在證券市場奉令停業之後仍從事大量場外交易，杜維屏因而被兩度傳訊，九月三日，因涉嫌重大，和另一名從事證券場外交易的林樂耕被地檢處扣押，鴻興證券號的營業執照也被吊銷。

蔣介石的老朋友，「上海皇帝」杜月笙的三公子杜維屏在第一波打老虎行動中首先遭殃。對此，王昇說：「根據所獲得的證據，會同治安及司法單位，先後逮捕了一批囤積居奇的商人，與一批作奸犯科的官吏，並且包括了全國知名的聞人杜月笙的家人在內。因爲在被逮捕的人中，有一些人在上海是有頭有臉的人物，不僅僅震驚了上海，甚至震驚了全國，於是『蔣經國上海打虎』的名聲，就不脛而走，成爲經濟管制中一樁極爲轟動的事情。」

蔣經國原本以爲民氣可用，更有父親撐腰，但蔣經國萬萬沒有想到，杜維屏被捕，竟是上海經濟管制工作由高潮走向低潮的分水嶺。

「經國打虎」可不比古之武松景陽崗打虎，蔣經國手握尙方寶劍逮捕杜維屏，杜老爺子怒火中燒，心想，「杜某幫你老子蔣介石打天下時，你蔣經國小命還掐在俄國老毛子手裡，如今你神氣活現是爲那般？」杜月笙毫不客氣，當即向世侄蔣經國提出嚴重抗議，並稱：「杜維屏若有罪，理當繩之以法，有理走遍天下，無理寸步難行，如果孔家子弟仰仗蔣夫人勢力，大搞囤積居奇，憑什麼孔令侃可以逍遙法外，杜維屏就活該倒楣？」

王昇回憶這段往事時，也隱約證實了杜月笙與蔣經國鬥法的過程，他說：「有關『蔣經國上海打虎』的說法，不知道是如何製造出來的？對方也就以這種說法，與蔣經國鬥法，說：蔣經國要打眞的老虎，就要打孔令侃。——孔令侃是前財政部長孔祥熙的兒子，孔祥熙不僅以富甲天下知名，而且是中共污衊宣傳的『蔣宋孔陳四大家族』的家族之一。明眼人一看便知，這是借上海經管以挑起國民黨的內鬥的。」

王昇的說法間接證實了一項外間傳聞，即搜查孔令侃所屬的「揚子實業公司」的確是由於蔣經國逮捕杜維屏，引起杜月笙不滿，責怪蔣經國厚此薄彼，縱放親戚，嚴打外人，故而要求蔣經國要打虎先打自家親戚。

【揚子公司案】

當戡建總隊接到指稱孔令侃的揚子公司囤積居奇的密告，王昇將密告呈督導員辦公室，「督導員辦公室立即指派警察會同戡建隊人員，前往揚子公司徹查，查了一整天，不僅查倉庫、查貨品，而且查賬冊。在揚子公司的倉庫裡，的確是查到了一批糖，但是，經過化驗，是作爲醫藥用的化學糖，不是民生必需品的食糖，所以不能法辦揚子公司，更不能法辦孔令侃。不過，有關這一事情，是是非非的謠傳滿天飛，成爲蔣經國上海經管所遭受到的種種反撲。」王昇在口述回憶中描述了蔣經國在打虎最後階段受到強大特權反撲的情形。

十一月一日，一份由保密局（其前身爲軍統局，行憲後，因「軍事委員會」取消，故改名保密局，並改隸總統府）呈送蔣介石的一份密電中，直接道出杜月笙採取反制手段，報復國民黨當局「經濟管制」的幕後原因。密電情報來自保密局特工對青年黨宋益清、曾琦等人的監控，密電內容如下：

滬市經濟管制失敗之內幕。青年黨《中華時報》發行人宋益清向曾琦報告稱，滬經濟管制之失敗，係政府既懲辦杜維屏破壞金融案於前，不應放縱孔令侃大量囤積於後，致使杜月笙極度不滿，將所能控制之工廠，均以原料缺乏爲辭，逐漸停止開工，並促成黑市交易，搶購風潮，藉以報復。

從早先被抓捕及被槍決的囤積居奇「奸商」一直到杜維屏，從八月二十三日到九月七日，兩個禮拜間，蔣經國在十里洋場的打虎行動可謂秋風掃落葉，所向披靡。

但是，蔣經國的打虎行動犯了一個「失之剛猛」的缺點。中國人講究法外施仁，法理不外人情，蔣經國一副「蔣青天」鐵面無私的面孔，扛著尙方寶劍，見人就砍，難免招人忌恨。蔣經國在九月八日致蔣介石的信上，爲求改革速效的剛猛之氣仍溢於言詞之間。

父親大人膝下：

敬稟者，一、數日來上海市場甚平靜，各種價格且有下跌之勢，但平津市場自前日起已開始波動，而廣州物價平均已超過八一九限價平均一倍左右，且上海商人正在謀反抗，故日內難免波動，兒必加緊工作力謀安定；二、商業銀行承認移存中央銀行之外匯不過三千萬圓左右，其實決不祇此數，如不加以壓力決不能見效；三、華南通香港之各路，必須用強大之武力封鎖，來往香港之旅客如不發護照，亦應發通行證，此路不絕，必有絕大之後患；四、湖南、江西、漢口，以及京滬線上之各大城市，中央亦應即派員嚴格管制物價，否則四面物價上漲，上海市場必將受影響。餘情續稟。敬祝大人福體康健，此請

福安

兒經國跪稟九月八日夜

蔣經國信上稱，對付資本家「如不加以壓力決不能見效」、「華南通香港之各路，必須用強大之武力封鎖」……，這些在在說明、印證蔣經國在上海落實經濟管制，確實經常要靠槍桿子強制執行，這種強制手段自不會考慮什麼基本人權，或者人民的身家性命，即使市長吳國楨多次表達不以爲然，蔣經國依然故我，直到開罪杜月笙，蔣經國自己審度客觀情勢，也覺得於己不利。九月十一日，蔣經國在給蔣介石的家書上，透露了過去罕見的焦慮不安。

父親大人膝下：

敬稟者，最近一週內之市況，已更有進步，但隱憂以及困難，亦日益深多，自應設法克服之。近來有人在暗中鼓動罷市，且有以工廠停工相威協（按：應爲「脅」之誤）。兒除作必要之準備工作外，并決定先自下手，從各方面予以警告與制止。最近除繼續管制物價外，并將從事於民眾之組織工作，兒對大小各事自應謹愼處理。敬請　大人放心。中秋節之前後，市面上如不加強控制，難免波動，故兒於中秋節不擬離申。立夫兄不宜久留上海，望大人能早日召其返京。敬祝　大人福體康健，此請

福安

兒經國跪稟九月十一日夜

形格勢禁，迫於無奈的蔣經國「決定先自下手，從各方面予以警告與制止」，火速派人搜查孔令侃的揚子公司倉庫，並且著手逮捕孔令侃。上海畢竟不是昔日贛南，豈可關門打狗，爲所欲爲？警察局和戡建隊人員前腳剛離開揚子公司，孔令侃已經一狀告到宋美齡那裡，宋美齡趕緊以長途電話（一說電報）通知在北平開會的蔣介石。越數日，蔣經國打虎不成反成「縱虎」，十月底，滬上打虎無疾而終。

揚子公司案爆發於九月三十日，蔣經國十月二日的日記記載：「前天發現的揚子公司倉庫裡面所囤的貨物，都非日用品，而外面則擴大其事，使得此事不易處理，眞是頭痛。」十月九日記載的「上星期反省錄」中，蔣經國寫道：「本星期的工作環境，是工作以來最困難的一段，希望這是一個轉機，除了物價不易管制以外，再加上揚子公司的案子，弄得滿城風雨。在法律上講，揚子公司是站得住的。倘使此案發現在宣佈物資總登記以前，那我一定要將其移送特種刑庭。總之，我必秉公處理，問心無愧。但是，四處所造成的空氣，確實可怕。凡是不沉著的人，是擋不住的。」

蔣介石對孔令侃引發之揚子公司案亦嘖有煩言。他在十一月四日的日記中指出，「最近軍事與經濟形勢皆瀕險惡之境，於是一般知識人士，尤以左派教授及報章評論，對政府詆毀汙衊無所不至，即黨報社論對余與經國，亦肆意攻訐，毫無顧忌，此全爲孔令侃父子之所累也，蓋人心之動搖怨恨，從來沒有今日之甚者。然此爲共匪造謠中傷之一貫陰謀，以期毀滅余個人之威信，不意今竟深入我黨政軍幹部之中，所謂浸潤之譖，其所由來漸矣，非一朝一夕之故也。惟此一毒素，實較任何武器尤厲，數日前對於美援，尚有一線之希望，而今已矣。故以現況與環境論，似已失敗，顧以理以力論，則尚有可爲也，祇須信心不撼，忍耐鎭定，自立自助，自強不息，以求其有濟而後已。」

揚子公司案對蔣氏父子的傷害，可見一斑，故而保密局向蔣介石提出的密報中才會明確指出「滬經濟管制之失敗，係政府既懲辦杜維屏破壞金融案於前，不應放縱孔令侃大量囤積於後，致使杜月笙極度不滿，將所能控制之工廠，均以原料缺乏爲辭，逐漸停止開工，並促成黑市交易，搶購風潮，藉以報復。」而蔣經國本人也了然於心，在十月十六日記反省錄中寫道：「揚子公司的案子，未能澈底處理，因爲限於法令，不能嚴辦，引起外界的誤會。同時自從此事發生之後，所有的工作，都不能如意的推動了。抵抗的力量亦甚大。經濟管制的工作，發展到今天，確實已到了相當嚴重的關頭。」

在揚子公司案成爲媒體沸沸揚揚的炒作話題時，蔣經國在他給蔣介石的信上仍力持鎮定，對該案鮮少置詞。例如，其於十月八日的家書中寫道：

父親大人膝下：

敬稟者，兒於昨日來京參加經濟管制會議，今晨赴無錫視察，當晚擬即返滬。上海市場因加稅而引起之波動已經平定，目前兒已開始從事於經濟方面之治本工作，工作環境日益艱難，反抗力量亦日益增強，此皆在意料中之事，兒必將堅持到底，決不作任何之讓步。此次　大人北上，兒未能隨行奉侍，而又念　大人之辛勞，內心中日夜難能忘懷，來日方長，請　大人勿過於憂勞，敬請

福安

兒經國跪稟 十月八日晨

很多著作繪聲繪影地敘述蔣經國查獲揚子公司囤積物資後，孔令侃隨後亦被逮捕，宋美齡聞訊趕到，爲孔令侃解套，才設法開釋孔令侃，免於一場牢獄之災。

蔣經國究竟有沒有「大義滅親」拘捕孔令侃？

沒有！孔令侃徹頭徹尾就不曾被蔣經國扣押或逮捕。蔣經國在十月十六日的日記上寫得清清楚楚，說：「揚子公司的案子，未能澈底處理，因爲限於法令，不能嚴辦，引起外界的誤會。」因爲揚子公司倉庫裡面所囤的貨物都非日用品，在上海負責執打虎任務的王昇明確指出「在揚子公司的倉庫裡，的確是查到了一批糖，但是，經過化驗，是做爲醫藥用的化學糖，不是民生必需品的食糖，所以不能法辦揚子公司，更不能法辦孔令侃。」王章陵也在《蔣經國上海打虎記》一書中直斥蔣經國捉放孔令侃的情節，根本是「天方夜譚」，他說：「蔣經國亦絕對沒有下達對孔令侃的拘捕令。」

正因爲蔣經國在關鍵時刻未逮捕孔令侃，才會導致杜月笙「將所能控制之工廠，均以原料缺乏爲辭，逐漸停止開工，並促成黑市交易，搶購風潮，藉以報復」，社會輿論眾口鑠金，對蔣經國形成強大壓力。未能逮捕孔令侃，使得蔣經國上海打老虎落人口實，被批評虎頭蛇尾，有始無終，上海打老虎行動演變成一場鬧劇。王章陵說：「有關這一件事情，是是非非的謠言滿天飛，甚至謠傳蔣中正總統赴東北視察後決定在上海停留幾天研究問題，蔣夫人聞訊亦趕到上海，成爲蔣經國上海經管時遭受到的種種壓力中具有最大殺傷力的反撲，幾乎令蔣難以招架。」

時任蔣介石座機駕駛的衣復恩在其回憶中亦言：「蔣經國被派去上海『打老虎』，……我夫妻有時也去上海探望他們。蔣經國上海打虎的故事，多有報導，假設眞能認眞打下去，雖不能扭轉時局，但相信當時的經濟不致垮得那麼快。可惜應了一句俗語，弄了個『虎頭蛇尾』，無功而退！」「記得有次我接蔣夫人返南京。在龍華機場登機後，經國送行，並登上飛機與夫人談了相當時間：他下機時，面色凝重。自那時起，上海打虎之風漸息，我猜想與那次見面有關。蔣經國旋即返回南京。此後國共戰爭的局勢，江河日下，金圓券的失敗，更使整個經濟垮台。」

十一月十五日，蔣經國寫了封信給蔣介石，說：

父親大人膝下：

敬稟者，上海方面之工作已開始辦理結束，並定日內召集京、滬、杭三地之幹部檢討「上海工作」之得失，并決定今後之計畫，此會擬在杭州舉行，因在上海召開有諸多不便之處也。兒個人之失敗與今後之出路，決不計較，但對於千餘幹部之出路，不能不有所安排也。此批幹部處逆境而不動搖，實爲　大人最忠心之青年幹部，自應設法培植之。今日之環境確爲革命之危機，但或因其危而有所轉也。請　大人不必過於憂慮，敬請

福安

兒經國跪稟十一月五日

上海打老虎的「革命事業」宛如曇花一現，蔣經國是如何爲自己在上海的經濟管制工作劃上句號的呢？王昇的口述回憶中有很生動的描述：

十月二十六日，蔣經國再去南京，在行前告訴王昇：於二十八日，他將集合經管兩千多位幹部講話，時間訂在下午五點鐘，六點會餐，要王昇通知。

二十八日，依預定的時間，全員集合齊了，卻不見蔣經國的蹤影，到了五點半，王昇用電話與南京聯絡，而接電話的卻正是蔣經國自己。

蔣經國在電話中說：「我此時已無法趕至上海，由你代表我講話吧。」在電話中，王昇聽得出蔣經國聲音的沙啞，是流過眼淚，甚是痛哭過的情況。意料中的放棄限價政策，終於來了，從蔣經國的聲音表情中，他似已證實了這一訊息。

蔣經國這通電話，意味著上海打老虎的任務已經俱往矣，政府的經濟管制工作功虧一簣，化爲泡影。

上海打老虎導致的政治衝擊，除了蔣氏父子，對宋美齡、孔祥熙和孔令侃家族也造成莫大的壓力和負面影響，更對蔣孔宋三家形成不可彌補的裂痕。

孔令侃為了規避可能的責任，以及各界的關注，悄悄離國，宋美齡也尾隨其後，藉口到美國爭取援助，於十一月低調揮別國門，其間，蔣介石與蔣經國多次函電催促她回國，宋美齡都不為所動。

上海打虎成為過眼雲煙，國府在大陸的統治局面卻更形混亂與失控，在人民心目中，國府黨、政、軍高官貪污腐化，「武官怕死，文官愛錢」的印象益發鮮明。

誰會料到，蔣經國出馬，老虎不但沒有打成，反而招致虎噬，不但引發滬上地區的「地頭蛇」群起攻之，更引發了一場家族風暴，然而，蔣介石在國共內戰的戰場上連連失利，解放軍節節勝利，東北易手，華北震動，蔣介石顧不得兒子滿身的「虎噬之傷」，旋即祕令蔣經國協助搶運國庫黃金、故宮國寶的工作。從「打老虎」到「搬黃金」，蔣經國揮舞著蔣介石御賜的尚方寶劍，扮演著吃力不討好的「監軍」角色。

〈附錄〉宋美齡的寵兒——孔令侃

孔令侃，字剛父，英文名字 David，孔祥熙和宋藹齡的兒子，民國五年十二月十日生於上海，民國二十二年進入上海的聖約翰大學，畢業後即在財政部任職秘書，民國二十八年赴美國耶魯大學攻讀經濟學碩士。郭榮生《孔祥熙年譜》記載，孔令侃「已作博士論文，因事須隨蔣夫人回國，未能應博士最後考試，曾任中央信託局常務理事。民國卅一年蔣夫人訪美，任秘書長，對外交際及文字應酬，嶄露頭角，卓著勤勞」。

孔令侃和他的姊姊孔令儀、妹妹孔令偉（人稱孔二小姐）是宋美齡的左右金童，因宋美齡未能生育，孔令侃、孔令偉兄妹與之朝夕相處，宋美齡覺得兩人窩心可愛，因此頗受宋美齡寵愛，視如己出。蔣介石愛妻及甥，也對這三位孔家第二代鍾愛有加，從現有的蔣介石函電及孔令侃寫給蔣介石的書信、電報，可以印證蔣介石和這幾位令字輩外甥的親膩、寵信，以及兩家關係之密切，誠如膠似漆，猶如一家。

由下列孔令侃致蔣介石的函電，蔣介石發給孔令侃請轉宋美齡的函電，以及孔令侃致孔祥熙請轉蔣介石的機密電報……等機密函電、文牘、檔案，可以窺知孔令侃備受蔣介石信任的情況，舉凡對外交涉談判、軍事內幕、情報、武器採辦……，孔令侃幾乎可謂無役不與，各種場域都可見到孔令侃的身影。因之，David．孔之所以趾高氣昂，其來有自，其走向專權營私的道路，又何嘗不是蔣介石夫婦驕縱寵信的結果。

抗戰爆發之初，蔣介石領導之國民政府未完全放棄與日本議和的最後機會。民國二十六年七月二十五日，初出茅廬、年方二十一的孔令侃以個人之觀察與友人提供之情報訊息，研判日本侵華不致擴大戰況。

姨父大人尊前：

頃據報告，日本海陸軍武官會議決定不擴大上海水兵失蹤事件，原因爲蘆溝橋爲失蹤一、二日兵致死傷千餘，各關東軍開進萬餘人，至今弄到幾無下台餘地，兵力、金錢均耗於無用。前年日副事藏本失蹤，雷厲風行，結果成世界笑話，今上海爲一水兵，再與吾挑釁爲整個戰事之肇端，似太不上算。據甥所知，乃大人表示決心抗日之故也。日方以前總以爲吾政府無眞戰之決心，近二日內，吾軍隊繼續北上，雖不向其尋釁，但拼命接極預算令疑糊不決之日本抖慄寒心，此事若果能有如此之解決，不外乎 大人在決心犧牲下，力求和平之所獲者也。茲將 父親函姨母大人信譯成中文送上 鈞閱溽暑浸人，希 大人爲國珍攝，耑此敬請

福安

甥令侃上 七、廿五

十月，宋美齡在上海宅邸，因附近地區遭日機轟炸，宋美齡於避難時受傷，在南京的蔣介石聞訊，至爲震驚、擔心。十月二十六日，十萬火急去電慰問、關心，電報收件人寫的就是「孔令侃」。

上海中央銀行孔令侃君：密。親譯，轉蔣姨母親鑒：庸兄來京，聞吾愛面部受傷，甚念。滬戰不利，恐交通被阻，如能行動，務星夜回京，俾得安心調護。兄中〇〇

民國二十七年一月五日，孔令侃致函適臥病在床的蔣介石，遞交一份日本武官針對中國所做調查報告供其參考。

姨父大人尊前：

祗聞尊恙，亟深孺念，務祈加意珍攝，爲國節勞，俾得早日康復，以慰喁望，去歲六月間，接獲日武官對中國調查報告一份，雖屬明日黃花，但事後閱之不無參考之價值，茲謹謄箋寄上，敬請　垂察肅候　鈞安

甥令侃謹上　一、五

六月十三日，孔令侃自香港回報有關軍購事宜，請示孔祥熙可否免去領事簽證，以求保密。

院長鈞鑒：近據李國欽先生稱，關於軍械軍價款之信用書內，付款辦法每列有除憑單外並包括領事簽證（Consularinvoice）一項，則於貨起運之前必先向出口地之領事館，將貨名數量，以及裝運船名等等詳細開單，始可領證。而領事館方面，因其他商行前往領證者甚多，人色既雜，消息易傳，故我方以需要簽證，致不免有洩露運貨詳情之虞，非所宜等語。按稱各節甚關重要，且查驗領事簽證，係於進口時向海關呈驗，以證明貨之來源，及確有價格出口時，並不需此軍械軍火，既有國府護照價格若干，又有廠商發票進口，海關自不必再索閱領事簽證。曾經鍾經理秉鋒調查得悉，軍械軍火在香港進口，可不需出口地之領事簽證，並據西南運輸處調查，亦屬相符，因擬將以前所請中央銀行開立之信用書，內凡列有需要領事簽證者，即由該行將該簽證一律取消，至以後開立信用書內此項簽證亦概不需列入，以重機密。是否有當？敬乞鈞裁。如此事與外交部有關，尚乞飭員洽辦，為禱。職令侃叩佳港

為了購足抗戰初期的武器、彈藥，以免戰爭開打後手足無措，民國二十六年三月，英國舉行喬治六世國王加冕典禮，蔣介石派遣孔祥熙為「中華民國特使」，出席加冕典禮並要孔祥熙順道採辦軍火，因時任兵工署署長的俞大維向蔣介石報告，一旦中國和日本開打，國軍部隊第一個月就要消耗步槍和機關槍子彈七億發，中國自行生產的子彈根本不敷使用，必須大量進口才能應付戰場需求。六月九日，孔祥熙抵達德國柏林，拜訪著名的克魯伯兵工廠，訂購了大批的

槍枝、彈藥，之後又走訪捷克，訂購了不少武器裝備。這些軍火陸續於是年底及民國二十七年運到中國，因戰事緊急，國軍急需補充大批武器裝備支援前線作戰，時年二十二的孔令侃奉命在香港繼續向捷克軍火商採購並議價。此時，孔令侃已深得蔣介石、宋美齡、孔祥熙寵信，成爲其得力助手，六月二十一日，孔令侃回報有關軍購事宜。

院長鈞鑒：密。兵工署請購捷克式輕機槍料一萬五千枝，前奉院長批准，並飭在港洽辦等因，當經分向各商詢價，查樂克林鋼廠出品曾經俞署長認爲鋼料公允，於四十三鎊價格曾購得一批。此次以普達廠代表禪臣，與之競爭，迫其再跌，復以樂克林減低之價，迫禪臣削減，彼此競爭一再減低，結果樂克林每噸爲卅九鎊，禪臣爲卅八鎊十先令，該價已頗廉，樂克林恐爲禪臣所得，又承允貨價百分之五十，以鎢砂付給，以之告禪臣，彼乃承允全部貨價均可易貨。現禪臣所報價格較兵工署約廉六鎊，較上次職訂者亦低四鎊半，今因競爭結果再較樂克林報價低十先令，全部貨價共約英金五萬鎊，可完全以易貨辦法付給，用將洽價經過電陳，可否照訂之處，謹候鈞示。職侃叩，號三。

日本駐香港領事反映有關媾和事宜，七月六日，孔令侃即以電報告知孔祥熙，孔祥熙再匯報蔣介石。

院長鈞鑒：極密。據所派與駐港日領事密洽者報告，該領事稱，鈞座在位，各事總有辦法，言下似有議和須以委座下野爲條件之意，當以此種觀念決不能任其系懷，故照　鈞座在漢面諭，對該領事表示目下政府係鈞座負責主持，如確有必要時鈞座當可辭卸。該領事又謂，我方言和似乏誠意，可以彼方所得情報爲證，彼方目下獲得情報甚爲不易，多以金錢分向各國收買，據自法人方面所獲取者，稱孫科近與法要人言，在俄曾與史丹林談判圓滿，史允供給一萬萬元之飛機借款及其他二、三萬萬元之軍械，故決抗戰到底，由此而觀，我方言和是否具有誠意頗屬問題云云。此係最近會談情形，職意目下應付日本似可一面向其言和，使緩行總動員法，則其調兵來華勢將更感困難，一面令各軍猛力進攻，使我在軍事上得佔優勢，大局可較有利也。職侃叩。歌。

抗戰軍興，武器、彈藥用量驚人，軍火採買成爲一門重要顯學，畢竟軍火採買涉及多重機密，不可輕易委諸外人，孔令侃算是蔣介石可資信賴的「自家人」。七月九日，孔令侃回報購料事宜。從鎢砂的談判過程中，可知孔令侃頗具討價還價之經商靈活性，只是，當年之鎢砂有官價與國際市價之差別，兩者差距頗大，似乎存在極大之模糊空間。

院長鈞鑒：廉密。極密。兵工署購料案內，一萬五千枝機關鎗鋼料，已與禪臣依照易貨原則談判，結果可付鎢砂三百噸，鎢砂國際市價爲每英噸四十七先令，並須倫敦交貨。今談判結果，定爲每METRIC噸四十八先令六便士，香港交貨，不獨價格高出國際市價一先令半，且在港交貨，可省運輸、保險等費，迭經交涉，有此結果，條件似尚可接受，惟是否可以簽訂，仍候鈞裁示遵。又禪臣方面，既已談妥，本月內即須交付一百五十噸，其餘一百五十噸在八月份交貨。而資委會開價，每噸竟達七十先令，較之目下商妥價格高出甚多，信局辦理至感困難，且易貨能否成功，完全仰資委會能否交足貨料。現關鍵盡繫資委會，此事禪臣方面再三請我方秘密，免他商忌嫉破壞，謹聞。仍懇轉令翁部長，轉飭該會按照國際市價報價，並准以官定匯率付給國幣，以利易貨進行，爲禱。職侃叩。佳五。

孔令侃在港連繫友我之日本軍方人員，持續關注中日之間戰時和談的可能性，八月四日，以電報告知孔祥熙。

此係機密情報，供作參考

院長鈞鑒：密，極密。王子惠已派代表來港，據表示我方條件雖無利於日，亦擬接受，原因爲華北日方利益各國均已承認，惟華中、華南則無彼承認，希望即使攻取到手，亦難爲各國諒解，故擬不論條件，罷手言和。又該代表爲田俊六派，其委曲求全之用意，亦不願松井派之萱野將人情做去，並希我方派代表赴滬，存德奉定明晨赴滬，職意該代表表示似確堪注意，謹聞。職侃叩。支亥二。

截至民國二十七年秋，國府仍與日本當局保持祕密接觸。蔣介石似仍有意透過和平途徑，試探媾和及結束中日戰爭之可能性。此時，適在香港的孔令侃即利用中央信託局之職務及蔣介石外甥之優勢條件和日方人員祕密互動，爲可能的停火創造可能性。由此可知，孔令侃已積極參與國府極機密外交事務。九月七日，孔令侃以電報告知孔祥熙。

院長鈞鑒：領密。頃據二〇一電稱，伊籐昨晚始來，據稱彼於上月廿八日由滬赴大連轉長春，晤關東軍副總參謀長石原少將。石原對彼建議後，極表同意，且謂此建議，實與我主張相同。石原因於是晚通電東京，向坂垣陸相具述伊籐建議主張，坂垣亦欣然同意，因告石原曰：余人自入關以來，我等對華主張，以每格事禁，至今無由實施，今可在關東軍內提出此主張，使關東軍對此主張一致通過，然後以關東軍主動之力，影響內閣，屆時余運用其間，或可有成。因此，石原竭一星期之力，於長春召集關東軍主腦暨在滿日本各領袖開會，檢討對華根本方針。關東軍總（攬）參謀長爲磯谷廉介，向與石原意見不合，至石原提出對華談判具體主張，（甲）、和平談判應變更過去主張，而以蔣介石將軍及國民政府爲對象；（乙）防共事應聽中國政府自由主張，不可作爲日本要求條件，世電與中國談判和平，日本應先具有少數撤退在華日軍之決心。同時，石原對於滿洲，則主張將僞滿政權完全交僞滿中國人治理，所有日本人服務僞滿政權下之官吏完全退出滿洲等種種辦法。磐谷一派表示絕端反對，石原謂日本必愈不可自拔，此次張鼓峰事件，蘇聯所恃以威脅日本者，則在日本對華用兵，故日本忍辱屈服於蘇聯仇讎，以日本對華用兵故，蘇聯現在根本政策決不敢與任何國家輕開戰端，設日本一旦與中國和平，則日本即可威脅蘇聯，領導遠東，保持一等強國地位，否則而不改對華策略，必有不堪設想之一旦云云。磯谷一派，則以石原此等之主張有失日本帝國顏面，石原則言國家事當從根本利害打算，顏面之有無固不關輕重。至此，磯谷一派群言應維護現國策，其他與會者，從而和之，於是該會議即算終止。石原當憤慨之餘，即向該會議中提出「辭表」，按辭表爲日本文官辭職之用，與現役武官請願後備者，石原之出此，實有憤於該會議人之無識也。石原於辭表提出之翌日，即攜眷遄赴大連轉回東京，石原到大連時，適伊籐亦在大連，石原與伊籐晤面後，復與坂垣通電商議第二步辦法。坂垣謂，梅津、土肥原一派於在華日軍仍有潛伏勢力，現我等既無法予以肅清，不如變爲統一在華政治工作，調和陸海軍意見，計特任土肥原爲在華總特務機關長，駐於青島，今特加派津田、坂西兩中將分任其右使，津田常川駐滬，坂西駐平，且土肥原爲坂西舊部，津田亦屬海軍前輩，當可影響土肥原，使同化，同時現在日本一般所謂顏面問題者，設日軍進攻武漢不成，膠著於湖北、安徽邊境，或日軍攻下武漢，戰事無法結束時，則彼等自必覺悟，捨顏面而談利害矣。因此坂垣囑石原，令伊籐返滬後與津田取得嚴密聯繫同屬，對我方則囑伊籐仍加緊進行，並謂日本代表在滬接洽者，仍以船津爲宜。惟船津因病痔瘡，現住東京醫院割治，病愈到滬時，亦囑伊籐與之嚴密聯繫，此時石原攜眷已返東京。現坂垣擬以石原爲陸軍大學校長，俾便就近匡理一切。伊籐於返滬後，當晤津田，具述坂垣石原今後對華計畫，津田亦極表贊同，并言俟船津病愈到滬時，再籌商積極辦法也。謹按，石原此次在關東軍建議，雖未成功，而坂垣與石原所商第二步辦法，現已開始進行，良以茲事體大，實非一時可成，特電詳達，望查閱後即呈　院座是幸等語謹陳　職侃叩。魚情亥。

不只這樣，孔令侃甚至被默許與授權從事對外祕密交涉及軍火交易談判。十二月十四日，孔令侃以電報告知孔祥熙有關雇用外籍傭兵事宜，由孔祥熙轉呈蔣介石。孔令侃當時職務儘管是不起眼的財政部秘書、中央信託局常務理事，但可直接向孔祥熙、蔣介石報告。

院長鈞鑒：密。極密。據史泰乃斯來稱，彼已雇用英人兩名，備在海上協擊敵運輸艦，請即將魚雷快艇二艘交撥，擬置中國領海，視機行事。又稱，以前在粵魚艇，未經擊敵，即自行毀壞等語。查該項魚艇，每艘值二萬六千鎊之巨，史氏自告奮勇，原以極可欽遲，惟該艇已交由軍政部兵工署接收在案，史氏雖奉蔣夫人轉下，委座准史顧問間接收命令，職處似非有軍部轉知，未能擅爲處置，復查史氏，原爲陸軍人才所催，兩英人是否熟習海軍，職未得而知，且兩艇能否收擊敵之效，以及出海後是否因技術稍差，或因無軍令之督促，反爲敵方所劫，似亦稍有可能，擬請將此情轉達蔣夫人，如須即移交史氏者，並懇委座令飭軍部轉知，信局自當遵辦。謹此電陳，仰乞鈞裁示遵。職侃叩。寒午機。

十二月二十五日，孔令侃又發來密電，孔祥熙以其事涉國防軍事重要事務，又將電報轉呈蔣介石。孔祥熙轉呈電報的動作，似在有意無意間刻意突顯孔令侃的幹練精明，拉高兒子在蔣介石心目中的地位。

介兄賜鑒：

謹陳者，頃據令侃來電，對於撥發魚雷快艇二艘事，有所陳述，事關國防軍事重要設施，謹將原電檢奉，即請迅予核辦爲荷，敬頌勛綏

弟祥熙　謹上十二月廿七日

院長鈞鑒：密。關於發魚雷艇二艘一案，當時詢其有何詳細計畫，及駕駛人是否熟諗技

術，斯均未答，當以爲事關軍事秘密，既不以語，未便追問，前曾陳，諒蒙鈞鑒，頃文維吉來稱，有 TREM JWAN 對人稱中國已派其擔任特別工作，即將此兩艇移於中國領海內秘密處所，待時而動，文謂彼已可聞得此消息，日本在港週密之間諜網，人爲可得到情報，將來兩艇出海，自必爲日人取去無疑，萬一主持者存心有他，更將不堪設想云。並告 TREM JWAN 向日不務正業，曾在粵與當局因不名譽事發生糾紛，售我魚雷快艇之公司 THORNY CROFT 聞中國政府將派其工作，亦極駭異，事關我方當局厚望，適成相反，謹將文君所言，專電奉陳，應否轉陳委座參考之處，並請鈞裁，職侃叩。有亥機。

抗戰爆發二年後，上海、南京及東南沿海港埠均已遭日軍占領，孔家自上海搬遷到香港寓居，住在香港中央銀行所屬之房舍，時宋美齡亦以就醫爲藉口長住香港。民國二十八年三月十八日，蔣介石給夫人宋美齡之函電均仍依慣例，寫孔令侃爲收件人代轉。

香港中央銀行孔公館孔令侃君○轉三姨母親鑒○英大使信請速寄出，軍事如常，無變化，大姐電已接到，甚慰，兄中○○

宋美齡寓居香港，遷延時日，滯港不歸重慶，使得蔣介石備感焦慮，數度函電交馳，催請宋美齡早日返渝，夫妻團聚。蔣介石趁宋美齡生日，致電慶生，並再申催駕之意。四月二日，宋美齡以牙疼尚未痊癒，須續求醫爲由讓蔣介石碰了個軟釘子。

承賀敬謝，牙疼未愈，不克如期回渝，歉甚，一俟醫妥即返。子良弟本擬赴河內，醫云有六牙已壞，須補好再行，但良弟性急，亟欲離港，經囑其安心修補，約十日可好，即首途，乞不必來電，催其動身。

蔣介石猶不死心，再接再勵，四月三日，又電催請宋美齡早日返回重慶，並交代歸途經過越南，以免路途遇險，當然，仍舊寄交孔令侃轉給宋美齡。

香港中央銀行孔令侃君○轉三姨母

東電誦悉，望早日回來，有事急待處理者甚多也，歸程經安南爲妥，兄中正○

民國三十八年四月八日，孔令侃回報有關軍購事宜，二十三歲的孔令侃已儼然一副軍火大亨的模樣。

委座鈞鑒：

前蒙垂詢二十八年度兵工儲料案辦理情形，茲謹具報告一件、附表二紙，伏乞　鈞閱，爲叩

敬請　鈞安

孔令侃　謹上

附呈報告一件　表二紙

謹呈者，竊以二十八年度兵工用品，向國外訂購原料，由國內製造器械，原爲撙節國帑，自供自給起見，於二十七年七月，由俞署長開具二十八年度需要兵工器材預算，總計國幣五千六百餘萬元，呈准。鈞座指派令侃，辦理二十八年度兵工儲料，遵即成立儲料處，辦理在案，查向外訂購原料所需外匯，呈准由儲料處向國內收購外銷土產，運港售換外匯，向國外訂購兵工器材。該處成立之初，由財政部撥交國幣二千五百萬元，茲謹將辦理收購土產，售換外匯，及本案向國外訂購兵工原料，各項臚列於后：

（甲）收購土產售換外匯　截至現在止，收購土產約值國幣九百九十萬元，已售換外匯者，計英金十二萬六千六百四十一鎊二先令七便士，又港幣一百八十七萬四千九百五十八元四角六分。其中，曾向資源委員會訂購鎢砂三百噸，該會對內收購礦產品不以國際市場爲準，另有規定價格，如鎢砂每噸定價爲國幣四千四百八十元，如以國際市價，照官定匯率計算，則爲國幣

二千八百四十元，當經呈准孔院長，照該會規定國際價格付給。

（乙）向國外訂購兵工原料。

（一）在土產售換外匯項下，訂購輕機、重機槍、迫擊砲暨砲彈等鋼料，及導火線，計英金九萬三千九百八十八鎊四先令七便士，又美金一萬三千六百三十四元四角，約合國幣一百五十六萬元。

（二）訂購炸藥、槍藥、砲藥呈奉　孔院長核准，直接由財政部撥付外匯者，計英金三十八萬三千二百五十七鎊十四先令九便士，約合國幣六百四十四萬元。

（三）孔院長以英借款若能洽妥，擬電購兵工原料者，計英金一百二十五萬鎊，約合國幣二千一百萬元。

（四）孔院長在美借款項下電陳光甫先生，盡先採購兵工原料者，計美金一千萬元，其中已訂妥鋼、銅、鉛、鋅者，截至現在爲止，計美金三百五十萬元，約合國幣一千一百七十六萬元。

上列四項已購及洽購之國外兵工原料，共計國幣四千零七十六萬元，以上係辦理二十八年度兵工儲料案經過情形，除不足預算國幣一千五百餘萬元，刻正在洽購中外，理合列表呈報仰乞委員長

附呈詳表二紙

職孔令侃謹呈　四月八日

宋美齡經常以中國第一夫人身分代表蔣介石出席英、美、俄等國領袖之外交場合，孔令侃因經常陪同宋美齡，並且參贊機要，成爲宋美齡相當得力之助手。但孔令侃年輕氣盛，恃寵而驕，常有越俎代庖、隨意傳話的習慣，動輒引起國際友人誤會，引爲笑談，但仍受寵依舊，印證孔令侃在宋美齡心中不可搖撼之地位，即使蔣介石也莫可如何。民國三十二年五月十五日，蔣介石致宋美齡之電報中透露了宋子文與宋美齡雖爲兄妹，亦常因國事偶起誤會與齟齬，而蔣介石總是婉言調和，以免矛盾擴大。

蔣夫人：子文刻來電稱，邱吉爾面告其稱霍布金斯接孔令侃電話，以蔣委員長電蔣夫人轉告，日本即將攻西北利亞云，文不覺奇窘，因此種重要消息毫無所聞等語。兄以此消息乃三妹此次到華府之電，而爲北非戰局未結束時之情報，想此電三妹返紐約後始接到，故未及面告，吾兄之意婉覆，以免誤會也，兄中〇〇十五日

參、決定撤退

一、勸遷台

蔣經國自知國府在大陸來日無多，自回國以來，三日一敬稟，五日一匯報，父子之間的書信、電報從不間斷，若有機會隨侍左右，更勤於晨昏定省，父子二人談心論事，靈魂對話，從未中斷。因此，唯有他尚敢在蔣介石面前講幾句心底話。

民國三十七年六月二十六日，奉派到上海打老虎的蔣經國曾經寫過一封信，向父親直言國府存亡絕續實已至最後關頭，要想保留實力，惟有撤退台灣一途，他說：

父親大人膝下：

敬稟者，最近二星期以來，兒曾與滬、杭等地之負責官員深談國事，并私訪民間，接近商民、工人，以至乞丐、難民，在各方面所得之感想殊深，經過日夜之考慮，兒不得不忍痛直呈大人者。即多數人之心，皆惶惶然而不知如何是好。我政府確已面臨空前之危機，且有崩潰之可能，除設法挽回危局之外，似不可不作後退之準備。

兒決非因消極或悲觀而出此言，即所謂退者，亦即以退爲進之意也。有廣東，方有北伐之成功；有四川，才有抗日之勝利；而今後萬一遭受失敗，則非台灣似不得以立足。望　大人能在無形中從速密籌有關南遷之計畫與準備。兒對此考慮或有過分之處，但以目前局勢之演變而論，軍事與經濟並非無崩潰之可能，實不可不作必要之防備也。為兒者心有所思，不敢不直呈於　大人之前也。

上海經濟問題確極嚴重，兒對此事經過詳細之調查，擬定一方案呈請　大人核示，但非下最大之決心，實不能使此方案得能實施，但事已至此，殊非如此，不能挽回今日之大危機矣。在此危急之際，一時之成敗不足以論是非，祗要吾人中心之意志不變，奮鬥之步驟不亂，應進則進，應退則退。深信　大人之政治理想必有實現之日，不過時間上之遲早而已矣。敬祝　大人福體康健，此請

福安

兒經國跪稟　六月二十六日南京勵志社

民國三十七、三十八年之交，國府兵敗如山倒，四顧茫茫之際，蔣經國成為父親蔣介石心目中少數直堪信賴的人，因此，蔣經國的一番建言，在蔣介石心目中自是頗具分量。

這封信對蔣介石具有重大的影響力，主要傳達了幾個訊息。其一，直接點破「我政府確已面臨空前之危機，且有崩潰之可能」，大膽預言國府之敗亡可能性極大，對蔣介石造成極具震憾性的「提醒」效果；其次，蔣經國恐怕是政府官員、國民黨內部，乃至蔣家與孔宋家族之中首先提出撤退建議的，其所謂「除設法挽回危局之外，似不可不作後退之準備」，其實已經從東北

民國三十六年元旦，蔣介石簽署憲法明令頒布。

戰局，國軍屈居下風，預言京滬重鎮亦難以固守，提議「有廣東，方有北伐之成功；有四川，才有抗日之勝利。而今後萬一遭受失敗，則非台灣似不得以立足。……從速密籌有關南遷之計畫與準備。」

蔣介石當然非常重視兒子的建議，因此，蔣介石在布置拱衛京滬防務的同時，也開始著手後撤台灣的準備。民國三十七年夏末初秋之際，也就是蔣介石接到蔣經國家信之後二個月左右，終於斷然展開後撤行動，而此一後撤行動係以撤運國庫黃金與故宮國寶爲先導。

易言之，蔣介石之所以選擇台灣，放棄原定之西南（四川、西康），做爲與中共做最後武裝及政治鬥爭的「復興基地」，蔣經國是第一個提議退守台灣的國府要員。

唯蔣經國能忠誠直諫

以蔣介石脾性之剛烈與領導風格之威權，在國共戰事節節敗退之際，膽敢忠誠直諫，並促使其下定決心退守台灣的，惟有其長子蔣經國。除了蔣經國，黨內和軍政要員當中，上上下下，大家習慣了對蔣介石逢迎拍馬，曲意奉承，幾乎無人敢直諫犯上者，蔣介石內有千萬僚屬包圍，但卻依舊孤寂寥落，蔣經國成為唯一敢說真話者，有兩封家書可以證明。

其一，行憲後，蔣經國勸其父親蔣介石，即使選上總統也應謙讓不就，而應退而求其次擔任行政院院長，他在民國三十七年三月二十六日的家書說明他的觀點。

父親大人膝下：

敬稟者，國民大會召開在即，大人出任總統，已爲一極其自然之事，但兒對於此事加以再三之考慮後，覺得 大人如謙辭總統，退任行政院院長，更爲適宜。第一、足以表示在共亂未平前，對國家政治之負責精神；第二、足以表示對全國擁戴出任總統之謙讓精神（全國民意均一致擁戴大人出任總統，自難強其不選，但如能於當選後謙辭，而另以一德高望重之元老出任總統，固足發揚我國謙讓古德，尤可於行憲之前發生政治教育作用）；第三、可以避免行憲初期五院間之糾紛（如能在行憲初期，大人出長行政院，使五院之間有一中心，不獨可避免五院間之糾紛，并足爲行政、立法之間樹一良好基礎，永奠國家政治之安定）。以上各點爲兒之淺見，亦不敢認爲一定正確，惟作　大人之參考耳。

其二，蔣介石在五月二十日就職中華民國第一任總統之後，與蔣經國商議某事，推測起來，此事諒與當時國共內戰緊張，國軍打不過共軍，屈居劣勢，或與之前蔣經國建議謙辭總統，就任行政院院長有關，但是，蔣介石不止要辭退總統之職，而且有意以下野促使國內之和平。但蔣經國認為蔣介石一旦去職，徒然予共黨機會籌組聯合政府，攘奪政治主導權，故於五月二十一日修書極力勸阻，說：

父親大人膝下：

敬稟者，兒對大人於今晨所提之事，經再三考慮，認爲此舉定將引起軍事與經濟之崩潰，共匪必利用此機會組織聯合政府，奪取政權，則革命將根本失敗。至於一般不忠實之幹部，亦不會因此而覺悟，爲國家與人民計，深望　大人打消此意，本忍辱負重之一貫精神，苦撐待變，以完大業。敬請

福安

兒經國跪稟五月二十一日

由此觀之，民國三十六、七年間之蔣氏父子關係已臻水乳交融之境，此一階段之蔣經國顯然已可參與蔣介石之一切密笏，黨政軍特一切機密最後必然匯集至蔣介石，而蔣經國亦無一不知，無一不曉，介入之深，已非昔日吳下阿蒙；此亦可印證，蔣介石對蔣經國的信賴已是與日俱增。

二、運黃金

【搶運黃金】

國府原本計議以發行金圓券為手段，企圖挽救江河日下之幣信，以及財政金融危機，無奈金圓券發行的同時，國共內戰愈演愈烈，龐大戰費支出仍然無日或已。

民國三十七、八年間任聯勤總部預算財務署署長的吳嵩慶，其子吳興鏞在所著之《黃金檔案：國府黃金運台——一九四九年》一書中指出，國府當局為了應付龐大的內戰軍費，「把『國幣』金圓券準備金的大部分給抽走，用做為軍費」。換言之，在民國三十七年下半年，國府數度向美國求助無門，美國拒絕再予國府軍事及經費援助之後，出於無奈，只好動用最後的一點「棺材本」——發行金圓券的黃金準備，十二月前後，把國庫黃金二百六十萬兩從上海「轉移」到台北，這是被國府搶運到台灣的國庫黃金中的第一批。

長期追隨俞鴻鈞的機要幕僚何善垣也在〈俞先生生平言行補述〉的文章中生動地描繪他追隨俞鴻鈞參與搶運國庫黃金的過程，說：「三十七年共匪叛亂，舉國騷然，先生鑒於情勢迫切，密將庫存黃金運台，其時予兼機要科主任，凡公文撰擬、繕寫、用印、封發，均一人任之，即於總裁室後之一小室中辦理，而外間接洽戒嚴、航運等事，則由發行局陳副局長延祚負責，一切行動，均保持極度機密，啓運之夕，由軍方施行特別戒嚴，斷絕交通，以故當時外間無人知有此事，啓運後第三日，《申報》中始刊登一簡短消息，謂某夜中國銀行曾運出物資若干箱云云，語焉不詳，其所以言中國銀行者，因中央銀行黃金庫存，與中國銀行比鄰，同一門巷出入，以故人不能辨其誰屬也。」

蔣經國很清楚，蔣介石已經沒有放手一搏的賭本，他唯一的一點籌碼就是存放在上海幾家國家銀行，原本專供金圓券發行準備之用的黃金，這不僅僅是蔣介石投入國共內戰的最後「棺材本」，更是中國維持國家財政正常運行唯一的一點本錢了，但爲了應付前線十萬火急的龐大軍費需求，等到蔣介石再下令把國庫中剩餘的黃金——「國幣」金圓券的準備金的主要部分悉數抽走之後，令人憂慮的事情終於發生了。

失去了黃金準備，使得原本幣值即已一瀉千里的金圓券更如同潰堤水壩，完全失控，幣值與幣信一夕崩盤破產，人民對國府的信賴也完全毀於一旦，金圓券成爲廢紙，人民財產付諸東流。

吳興鏞敘述：「這筆準備金，一移出上海做爲軍費，金圓券就像當時國軍一樣，『兵敗如山倒』如雪崩似地狂貶，從四八年八月到四九年六月，前後十個月，貶值約兩萬萬倍。一個新幣如此快速貶值，影響如此眾多人民的生活，是世界所罕見的。一枚價值美金五角的銀圓，金圓券發行初是兩元一枚，到另一新幣（銀圓券）上場前一日，就要五億元一枚。老百姓生活怎麼過得下去？多少人饑寒而亡？因此，運台的金銀美鈔上是沾有中國人民的斑斑血淚。一位大陸的醫學教授在二〇〇四年的來信中，是這樣寫的：『國民政府撤退到台灣時，我已年近三十，利用金圓劵收刮民間硬通貨，強運台灣的情況，恍如昨日，多少小康人家傾家蕩產，十分痛恨。』」

這經過共產黨鼓動宣傳，國府成爲人民普遍唾棄之全民公敵。

蔣經國與俞鴻鈞奉蔣介石之命搬運上海中央銀行庫存黃金、白銀到台灣的行動，先後有好幾波。

民國三十八年一月十日，此時，徐蚌會戰澈底失敗，局勢對國府相當不利，蔣介石心知自己大位不保，乃密令蔣經國與俞鴻鈞盡速將存放在中央銀行的黃金、外幣移存台灣，做爲與共軍繼續作戰的糧、彈資金準備。蔣經國在這天的日記上寫道：「今日父親派我赴上海訪俞鴻鈞先生，希其將中央銀行現金移存台灣，以策安全。」隔了六天，胸懷孤臣孽子之心的蔣經國在一月十六日的日記寫下這麼一段歷史記錄：「父親約見俞鴻鈞、席德懋二先生，指示中央、中國兩銀行外匯處理要旨，蓋欲爲國家保留一線生機也。」

一月十九日，蔣介石下野前兩天，安排俞鴻鈞爲中央銀行理事，並指定爲常務理事。

從好幾份蔣介石的往來函電可以確知，中央銀行內部爲了是否同意搶運黃金的問題，產生了相當大的矛盾，隱隱約約之間，有一股微妙的抗拒力量，而蔣介石似乎早有預感搶運黃金的工作會遭遇麻煩，因而派蔣經國前往上海督軍，並由俞鴻鈞親自指揮運金工作。

例如，劉攻芸即認爲蔣介石爲下野之身，委實不宜繼續下令搬移國庫存金，但基於大形勢的考量，於是採取了置之不理的態度，靜觀時變。

蔣介石《事略稿本》一月二十七日的言行記錄他「接見林崇鏞局長，商談中央銀行現金運送廈門辦法。……聞劉攻芸總裁對此事進行，面有難色，殊爲駭異，喟然曰：『世人能明理識義，始終如一者，誠難得也。』」

而在上海積極從事搶運黃金工作的俞鴻鈞也於一月二十八日自上海密電蔣介石，說：「（一）、滬國行存金尚有八十二萬餘兩、銀元二千六百萬元，以前因存兌金銀，故不得不酌予留存，現在政策變更，無此需要，亟宜早日運出，免滋延誤。除密洽劉總裁迅辦外，擬請由經國兄電話催辦。（二）、前奉交『革命償債委員會』匯票二紙，已託由德懋兄匯往紐約中國銀行專戶存儲，候命指撥。因國行原賬戶已結清取消，另開專戶諸多不便也。」

蔣介石雖然下野退隱，晉謁官員還是絡繹於途。

爲何要「密洽劉總裁」？因爲蔣介石已經下野，當家作主的是「代總統」李宗仁，而一月二十八日距離蔣介石命令俞鴻鈞、蔣經國搶運黃金已經十八天，蔣介石下野也一個禮拜了，劉攻芸竟然不動如山，不聽命行事，蔣介石火冒三丈，只是一時隱忍未發罷了。

蔣經國和俞鴻鈞一干人等於是「一再叮囑財政金融主管當局，應將其運至安全地區」，二月三日，俞鴻鈞發電報給蔣經國說：「滬存金銀已洽劉總裁迅運，此間事務，大體就緒。」可知俞鴻鈞已經說服劉攻芸，要與蔣介石派來的人配合了，將大部分的黃金往台灣撤運。

化解了來自劉攻芸的阻力，蔣經國等人「經過種種之接洽、說明與佈置」，國府財金官員，即展開大規模的運金行動，將上海國庫的黃金、外幣幾乎搬走一空。

俞鴻鈞明知自己已不在央行總裁任上，但由於受蔣介石密令，仍冒險隻身赴滬，親自動員央行員工搶運黃金到台灣。民國四十九年七月《聯合報》的一篇紀念文章寫道：「關於俞氏在卅八年上海淪匪前夕把中央銀行庫存黃金籌劃啓運來台，保全了國家的巨額財產，穩定了政府遷台後的財政金融，此一段事蹟，今日已爲國人普遍知曉，可是，一般人都還忽略了此中的一個重要關節：也許會有人以爲俞氏當時既爲中央銀行總裁，籌劃啓運央行庫存黃金至安全地點，本爲其職責以內的事。其實，俞氏當時並不在中央銀行總裁任內。」

但是，雖然不在其位，過去同仁之間的老關係依舊存在，對同仁的威權也還有新的職務——「中央銀行常務理事」來當靠山（其實此一職銜，位高卻無權），惟其如此，蔣介石密令俞鴻鈞再赴上海撤運黃金，他才可以圓滿達成撤運黃金的目的。

這篇紀念文章繼續寫道：「當時的總裁爲財政部長劉攻芸兼任，俞氏不僅已經離職央行，而且他本人並不在上海，後因滬上情況緊急，李宗仁態度曖昧，鑒於中央銀行庫存黃金對國家命運的重大影響，俞氏乃奉命冒險從香港飛往上海，運用他個人與中央銀行在職人員的淵源關係及影響力，擘劃部署，將庫存黃金運來台灣。俞氏當時並未擔任財經方面的任何公職，完全是本諸個人對國家的忠誠、熱愛，而將個人危險置之度外，爲國家保全了巨款財物，這是難能之處。」

但依照宋子文在二月九日發給蔣介石的密電推算起來，搶運國庫黃金的計畫至少因爲劉攻芸的阻擋遷延了近一個月之久，其言：「俞鴻鈞昨（七日）來港擬謂：攻芸因環境關係，國庫金銀，該員猶豫延遲甚久。鴻鈞臨走日，彼始決定以翌日起，黃金逐漸空運。至白銀如何，似未肯定，現在情形究竟如何，請注意。」

蔣介石二月十日之《事略稿本》記載：「二月十日……下午周宏濤秘書自上海歸來，謁公報告『中央銀行所存現金，已大部如期運往廈門、台灣，現存上海者，惟留黃金二十萬兩』云。公得報爲之一慰，蓋以此項存金爲國民汗血之結晶，與國家命脈之所繫，故不能不負責設法保存，因一再叮囑財政金融主管當局，應將其運至安全地區，俾得妥善保管與運用，免遭無謂之浪費，至今始得完成此一重要工作耳。」

在這段日子裡，由於劉攻芸故意拖延運金，兩蔣父子一方面對黃金搶運工作感到憂心忡忡，另方面對劉攻芸不能貫徹命令時感慍怒。蔣經國曾在二月某一天的日記中寫道：「中央銀行金銀之轉運于安全地帶，是一個重要的工作。但以少數金融財政主管當局，最初對此不甚瞭解，故經過種種之接洽、說明與佈置，直至今日，始能將大部分金銀運存台灣和廈門，上海只留二十萬兩黃金，此種同胞血汗之結晶，如不能負責保存，妥善使用，而供諸無謂浪費，乃至資共，那是一種很大的罪惡。」也就是說，在蔣氏父子的心目中，黃金在上海，若是留給李宗仁，只不過是「無謂浪費」，假若留給共產黨，那是「一種很大的罪惡」，自不能留下這批財寶「資敵」。

章君穀在《俞鴻鈞傳》中敘述道：「二月十四日，李宗仁連下了兩道命令：令行政院自廣州遷回南京辦公，行政院長孫科托病，置之不理。再嚴令中央銀行總裁劉攻芸，不得將中央銀行存金運到他處。劉攻芸也沒有答覆，因爲他知道中央銀行絕大部份庫存黃金早就給俞鴻鈞運到台灣去了。而且俞鴻鈞是他的老上司，即使再要把剩下的黃金一併運台，劉攻芸也無法拒絕。」

但是，由於延滯黃金搶運時程，蔣氏父子對劉攻芸始終餘怒未消，劉攻芸不僅受到了蔣介石的責備，更因而失寵。上海解放前夕，劉攻芸固然去了台灣，但是，在國府內部已無其容身之地，後來他悄悄去了新加坡，終老於斯。

劉攻芸

在俞鴻鈞、蔣經國忙著搶運黃金的同時，和俞鴻鈞於同一天調派新職的還有一位財政首長，就是中央銀行總裁劉攻芸。

劉攻芸是何出身呢？劉攻芸和宋子文、俞鴻鈞一樣都出身上海聖約翰大學，但劉攻芸僅肄業而已，之後即出洋留學，獲得英國倫敦大學經濟博士。民國十八年，劉攻芸被提拔為中國銀行總會計，主持帳冊更新，很得總經理張嘉璈欣賞，而張嘉璈正是時任實業部部長的孔祥熙提拔的優秀幹部，自然，劉攻芸也逐步成為孔系人馬。

抗戰前後，劉攻芸還當過郵政總局副局長、郵政儲金匯業局局長、中央信託局局長、中央銀行副總裁、總裁，官運之亨通，令人豔羨。蔣介石在臨下野之前，任命俞鴻鈞為中央銀行理事暨常務理事，升劉攻芸為中央銀行總裁，頗有令俞鴻鈞監軍，督促劉攻芸配合搶運黃金之意味。

但是，儘管劉攻芸是蔣介石拔擢出任中央銀行總裁的，但是，劉攻芸似乎並不買蔣介石的帳，之所以如此，與劉攻芸先前的意見不受蔣介石尊重有關。

話說民國三十七年八月，國府在蔣介石一聲令下，發行金圓券，實施幣制改革，劉攻芸和他的老長官張嘉璈曾經一致堅決反對，因為他們非常清楚金圓券和法幣同樣面臨沒有充足的黃金準備的困境，認為這無異飲鴆止渴，結果不幸言中。

由於先前的建議不受重視，蔣介石臨走前又下達搶運黃金的命令，劉攻芸自然滿心不高興，一度有意遷延，陽奉陰違，不願從命，因而引起蔣介石的極度不悅，蔣介石最後甚至當面怒斥劉攻芸，搞得場面很僵。

何善垣回憶，四月間，京滬局勢已經到了無力回天的地步，蔣介石要蔣經國密電俞鴻鈞再回上海搶運黃金。

對此，何善垣在〈俞先生生平言行補述〉一文中描述道：「時尚有部分黃金未運，迨和談破裂，共匪渡江，淞滬告警，先生復偕央行桑顧問君儀由港飛滬，籌商啓運，到之日，即夕召集有關人員舉行秘密會議，會中某君發言，謂先生以前曾爲上海市市長，到此時期，自應爲上海市市民著想，如將全部庫存運空，則市面將何以維持，應請考慮云云，先生鑒於當時情勢，結果乃決定留存部分以備緩急，餘則悉數運台，前見某君所作紀述，謂運金事，係於先生卸任後爲之蓋未知有前後經過也，黃金運台後即由何祝封兄負責保管，以迄於今。」

民國四十九年，《中央日報》在一篇紀念文章中對俞鴻鈞搶運黃金的經過做了詳細的報導，說：「三十八年初，總統引退，國家的全部黃金數百萬兩，當時都存在上海，代總統李宗仁卻禁止搬運，如上海一旦不守，而這批黃金落入共匪之手，則國家的損失，將更慘重，俞氏不聲

海軍是運國寶和黃金的主力。

不響，與當時任台灣省主席的陳副總統函電密商，決定將黃金全部運台。在某一個深夜裡，海軍總司令桂永清密令軍艦一艘，停泊在上海黃浦灘央行附近的碼頭邊，央行附近的街道，臨時戒嚴，一箱一箱的黃金，悄悄運上軍艦，在天未破曉以前，該軍艦已駛出吳淞口，以最大的速率，駛向基隆。兩天以後，陳主席打電報給俞氏，全部黃金已妥藏在台灣銀行的保險庫裡，坐在外灘央行總裁辦公室裡的俞氏，這時才感覺肩膀上的萬鈞重擔豁然減輕。」

關於這段搶運黃金的全盤經過，《中央日報》更有一段內幕報導：「俞氏籌劃運送黃金之前，係從香港飛到上海，當時上海的保衛戰剛開始，機場戒嚴，他隻身在龍華機場步下客機以後，即被衛兵引至候機室，不准他離開。雖然他很和藹地自我介紹，可是沒有任何證明文件足以證明他就是俞鴻鈞，連一張名片也沒有，衛兵不認識他還是不讓他走，他只得百般忍耐地守候在電話機旁，好容易他和湯恩伯司令的電話接通了，湯立刻派車機場接他。當全體警衛官兵知道他並非冒牌俞鴻鈞時，都很覺慚愧地向他道歉，他不但不責備他們，反而嘉許他們的盡忠職守，臨走時還一一和他們握手道別。」

章君穀的《俞鴻鈞傳》則描述道：「俞鴻鈞確也在念念不忘的想把這一小部分黃金運到台灣來，辭卸央行總裁一職後，他好不容易得了個無官一身輕的機會，他都已到了香港。然而，三十八年四月二十日，和談破裂。二十一日中共立即發動全面攻擊，當日在蕪湖西南方的荻港，強渡長江。二十三日，國軍撤出首都南京。同日，李宗仁一走了之，飛往桂林。國民黨中央蔣總裁則在二十七日離開故里溪口，由象山港乘太康艦駛往上海巡視，並且發表『告全國同胞書』，重申戡亂決心。俞鴻鈞在香港得到消息，立刻從香港啓德機場登機飛往上海。可是當他到達之時，蔣總裁已先於二十八日仍乘太康艦駛往廈門。時值上海外圍的長興、吳興、宜興、杭州相繼失陷，上海保衛戰業已揭開序幕，黃浦灘上草木皆兵，虹橋機場戒備森嚴。俞鴻鈞赤手空拳，無職無權，要想在這個兵荒馬亂、大戰將起的千鈞一髮之際，將中央銀行庫存的那一小部分中共垂涎、大上海人人矚目的黃金搶運出來，安然無恙的一併運來台灣，那豈不是與虎謀皮，火中取栗的癡心妄想之舉……。

在當天晚上的會議席上，俞鴻鈞首先提出：上海失陷在即，央行餘存黃金，必須盡快運送台灣。……儘管俞鴻鈞大義凜然，慷慨陳詞，席間仍舊有人公然表示反對，甚至有人擺出一副爲民請命的姿態，振振有詞的發言：『俞先生是上海市的老市長，在此上海朝不保夕之際，也該爲上海市民有所設想。央行存金全部運走，試問上海的市面又將如何維持。這一個大問題，還得請俞先生愼重考慮！』然而，俞鴻鈞一力堅持，央行存金非運台灣不可。經過了一場唇鎗舌劍的激辯，方始達成最後協議，撥出象徵性的一小部分黃金，留存上海，以備緩急之需。其餘的存金一概由俞鴻鈞自行設法，運送台灣——這又是一次相當嚴重的挑戰，因爲俞鴻鈞當時已因蔣公引退而辭職，不居官常，只有平民身分，根本無權指揮任何方面。而上海中央銀行內部，則有以李立俠爲首的若干主管，均已被中共誘惑，早就在作靠攏的打算，庫存黃金無異是他們最大的本錢。勢必將千方百計，硬軟兼施，以各式各樣的手段加以阻撓。俞鴻鈞迫不得已，只有以私人情誼，請軍方撥借運輸艦艇，再徵召央行忠貞同仁、舊日僚屬，甚至自己的長婿繆啓威，權充臨時助手和保鑣，日以繼夜，寸步不離，以迅雷不及掩耳之勢，將上海央行庫存黃金大部祕密運走。大功告成之時，俞鴻鈞、何善垣、繆啓威等多日不食不眠，人人精疲力竭，等到李立俠等聞訊趕來，企圖以強硬手段攔截時，俞鴻鈞計算時間，運金艦艇早已駛出吳淞口，在向基隆港進發之中了。其後不久，上海國軍撤運，共軍源源開來。劫收之初，雖曾一度發蹤指示，利用李立俠等大肆劫掠，但當他們發現庫存黃金涓滴無存，自難免驚駭萬分，由而惱怒於李立俠等，將所有央行投共份子，一一加以清算鬥爭，到死方休。」

〈附錄〉為什麼是俞鴻鈞？

蔣介石在下野之前兩天發布了一道命令。

總統令：（一）任命朱紹良爲福建省政府主席。（二）任命方天爲江西省政府主席。（三）特派劉攻芸爲中央銀行總裁。（四）特派俞鴻鈞爲中央銀行理事，並指定爲常務理事。

俞鴻鈞自民國三十七年五月十九日接任中央銀行總裁一職，到民國三十八年一月十九日離職，到任還不滿一年。蔣介石爲何這樣安排？其用意何在？

道理很簡單，蔣介石在交辦搶運黃金任務給俞鴻鈞之後，距離下野的時日愈來愈迫近，蔣介石很清楚，如果要和共產黨繼續在戰場上周旋，後勤糧彈不能一日或缺，而軍人打仗的武器槍砲，日常補給的糧秣薪水，在當時金圓券幣值幾近崩盤的情況下，必須靠黃金抵付內戰巨額的支出，穩定國軍軍心。所以，蔣介石想重用俞鴻鈞，運用俞鴻鈞在中央銀行之影響力，順利地把存放在上海的中央銀行（中國銀行）國庫裡的黃金悉數運往廈門、台灣。

再者，就蔣介石父子而言，運走上海的國庫黃金，在風雨飄搖的民國三十七、三十八年之交是何等隱密、重要的大事，蔣介石爲什麼會把這麼重大的任務交付給俞鴻鈞？

俞鴻鈞係出身孔宋系統的財經技術官僚，原籍廣東新會縣，生於清光緒二十二年，民國八年畢業於上海的聖約翰大學英文系。宋家的幾位公子也都卒業自這所美國教會學校，是故，俞鴻鈞與宋家兄弟有「系出同門」之誼，宋子文是早俞鴻鈞四班的學長，宋子良是低俞鴻鈞一班的學弟。

大學畢業後，俞鴻鈞在上海英文《大陸報》做過一段時間記者。北伐時期，俞鴻鈞和同爲廣東籍的汪精衛一度走得很近。汪精衛祖籍浙江山陰，但在廣東三水（今屬佛山）出生，語言和生活習慣與廣東人毫無二致。

國民革命軍攻克武漢三鎮之後，蔣介石發動清黨，第一次國共合作破裂，兩黨分道揚鑣，彼此展開你死我活的血腥鬥爭。此時，俞鴻鈞經國府外交部部長陳友仁拔擢，聘爲英文秘書。

由於陳友仁和宋子文關係匪淺，因此，俞鴻鈞踏入政壇之後，一路平步青雲，先後歷任上海市政府秘書、秘書長、科長、參議、財政局局長、秘書長、上海市公安局局長等職務。民國二十六年，抗戰爆發，時年三十九歲的俞鴻鈞臨危授命，代理上海市第五任市長，爲抗戰爆發後，國府撤離上海前夕最後一任市長，爲期雖僅六個月，但亦是俞鴻鈞在官場初期重要資歷。

由於和宋子文的淵源，上海淪陷之後，俞鴻鈞受命擔任中央信託局常務理事，派駐香港辦理外交事務，職司對外連繫，民國二十八年，代理行政院院長宋子文及財政部長孔祥熙，電召俞鴻鈞到重慶，任財政部政務次長兼中央信託局局長，香港的職務由孔令侃接替。民國三十三年又升任財政部部長，民國三十四年被任命爲中央銀行總裁。

在宋子文的提攜、照拂下，俞鴻鈞一路官運亨通，但是，由於國府內部派系的傾軋，也數度幾乎淪爲權力鬥爭犧牲品，最令人瞠目結舌的，莫過於兩次轟動全國的黃金風潮案。

第一次的黃金風潮案，發生於民國三十四年三月間。

話說民國三十一年一月，美國當局爲了強化國民黨軍牽制日軍的功能，使陷在中國戰場泥沼的日軍無暇他顧，減輕太平洋戰場美軍反攻阻力；華盛頓當局主動提供國府五億美元長期低利貸款，穩定中國戰時財政。國府乃動用美援款項當中的二億美元，在美國購買五百六十八萬市兩黃金，加上孔祥熙早先購存在美國，價値二千萬美元的黃金，中國政府在美國總共儲存了大約六百多萬兩的黃金。

這六百多萬兩黃金於民國三十三年逐次空運回國，行政院、財政部與中央銀行爲此於九月創行了一項新的辦法，即所謂的〈法幣折合黃金存款方案〉，一般儲蓄人可以依照當天的公定牌價當場在銀行辦理存款，存款到期後即可取得黃金。此案原本立意良善，可是，由於每天黃金的牌價不同，以至形成一股投機風氣。民國三十四年三月二十八日，時爲財政部部長的俞鴻鈞忽然召集主管官員開會，表示將遵照上級指示，從明天，也就是三月二十九日起，將黃金儲蓄價格從原來的每兩二萬元升爲每兩三萬五千元，換句話說，黃金牌價一口氣漲了百分之七十五。

俞鴻鈞可能認爲他開會宣布此事時銀行已經下班，而第二天又是青年節，全國放假一天，所以未特別留意洩密問題。殊不知毛病就出在當天與會的財政部官員有人刻意將黃金即將漲價的重大消息洩漏了出去，馬上一傳十，十傳百，許多銀行、機關、公司、行號整夜燈火通明，像是著了魔似的，彼此沆瀣一氣，連夜趕辦黃金儲蓄業務。有些銀行、機關一時籌不到現款，竟然以空頭支票及銀行本票購進黃金存款。不過是一夜功夫，國庫竟然賣出黃金存款萬餘兩，一進一出，無異讓國庫平白損失了一、二億法幣。

有人趕買黃金存款的消息很快就被新聞界得知而披露，一時之間，抗戰陪都重慶巷議街談爲之鼎沸，大家議論紛紛，有人竟然能事前得知黃金漲價的訊息，慷國家之慨，早一步占盡便宜。國府當局受不了千夫所指，著即下令查辦。但令人不服氣的是，被揪辦的官員盡是些小職員、小官僚，如中央銀行業務局局長郭景琨，就被以洩漏職務機密的罪名判刑三年半，中央信託局業務處經理王華由於涉嫌舞弊購買黃金，經辦黃金儲蓄的主任戴仁文則因爲拿公家存款購入黃金五十兩而被判刑。

黃金風潮案鬧得重慶滿城風雨，蔣介石聞訊大爲震怒，孔祥熙被迫辭去行政院院長，蔣介石的大舅子宋子文復出擔任行政院院長。爲了解決黃金風潮引發的爭議，並平息民憤，宋子文上任之後立即下令，凡在國府正式宣布前夕投機購買黃金存款的儲戶，全部都要捐出四成黃金給國庫。

正所謂矯枉過正，宋子文此舉完全不能達到懲治投機的目的，反而讓眞正的投機者逃之夭兲。原來，全部「法幣折合黃金存款」的黃金一共有兩百一十九萬五千五百五十三兩，按照宋子文的規則，國庫應收到「捐獻」八十二萬零四百六十八點八兩，然而，眞正被罰「捐款」的人都是一些小本投資的中小型儲戶，由於規定的「捐款」數額高達百分之四十，偏偏中小儲戶的消息不夠靈通，待宋子文宣布，很多被迫捐獻的中小儲戶連本帶利都賠給了國家，相反的，那些投資大戶早已得到消息，趁早將黃金取走，毫髮未損。一般市井小民無端受損，無不深惡痛絕，輿論更是強烈譴責，爲小戶打抱不平。

遲來的正義焉能稱之爲正義？民國三十四年六月，國府宣布停止黃金儲蓄業務，並暫時禁止黃金自由買賣。這就是第一次黃金風潮案。

第二次黃金風潮案，發生於民國三十六年二月。

國府發行的法幣由於受到戰爭因素的影響，通貨膨脹的情況愈來愈嚴重，開始顯現惡性通貨膨脹跡象時，甫於民國三十四年五月上台的行政院院長宋子文，採行拋售國庫黃金的政策，希望藉此讓部分資金回籠。

在一次國民參政會會議場合，宋子文向參政員報告說，國府的政策不是一定要把所有的黃金都脫售，但無論如何，政府有力量在手，就是黃金一項，憑著黃金就可以控制金融情勢，但是，宋子文的拋售黃金措施並未扼止通貨膨脹的強大勢頭。事實證明，國庫拋售黃金後，市面上的法幣僅回籠了九千九百八十九億元，然而，同一時期國府卻又發行了三兆兩千四百八十三億元的法幣，換句話說，新發行的法幣的數量，竟然比國庫黃金回收的數量多了三倍有餘。更可悲的是，用來回收法幣的黃金數量竟然佔國庫庫存黃金的百分之六十，高達三百五十三萬兩，黃金兌換出去了，但是，法幣惡性通貨膨脹造成的國庫大失血依舊處於失控狀態。

政策失利，自然備受各界苛責，但是，趁此良機大發國難財的傳言卻成了壓垮宋子文內閣的最後一根稻草。手上握有大量資金的商人及官僚精打細算之後，發覺搶購黃金比囤積貨物更有利可圖，便著手大做投機生意，上海等地形成一股來勢洶洶的黃金搶購風潮，宋子文擔心中央銀行的存金無法應付市場搶購，乃下令停止出售。就在黃金停售的前幾天，敏感的官商已經意識到國庫存金即將枯竭，更是瘋狂搶購，造成黃金價格暴漲，商品市場大亂，宋子文因而成爲眾矢之的。

民國三十六年二月十二日，孔祥熙向國府最高當局提案，要求徹查中央銀行出售黃金的賬冊，因爲當時的報紙披露，參與大批搶購黃金的人是以孔祥熙爲代表的山西幫，搶購目的頗有孔宋鬥法的意味在其中，孔家有意拆宋子文的台，讓宋子文難堪。

國民參政會參政員傅斯年在二月十五日出刊的第一卷第七期《世紀評論》撰寫的〈這個樣子的宋子文非走開不可〉一文中直接對宋子文提出批判，連帶扯出孔宋家族的醜聞。他說：「看他（按：指宋子文）的黃金政策。他上台最初一件事，是給以前買金子者一個六折，這中間，有小公務員、小資本家，也有大商人、官僚、資本家。當時《大公報》還是有條件的贊成，我也一樣，寫了一文，載《大公報》，強調政府在戰時可以徵用私人的資本，但須用累進的辦法，尤其是再想法子找大戶。前者的原則是，國家爲戰爭籌款，必須有錢者出錢；後者的原則是，擔負不能在窮人身上。現在想起來，眞正做到『君子可欺以其方』了。累進辦法，在參政會並且屢次提出過，我們強調他更改，財政當局說，大戶買時化小戶，無法子分，爭執不得結果。假如照那時他的說話，已買者尚可收回，未買者如何可以不加管制？近來，有一天拋五噸，經常是每天幾千條或幾百條，眞正做到他的『自由貿易』的原則。然而試問，如果今日如此『自由』，當年何必『充公』？金價的波動，尋常百姓是吃不消的，雖然各處集到上海的游資許多不易查考，然而一買幾千條的大戶是誰？豈皆不能查出？報載最近風波之掀起是山西幫，傳說是孔宋鬥法。二公本無好感，何不可查查？自己的人是不是也在中間？是不是因爲自己的人，一家同姓，一派下屬，一大組合（如美國報所說：Soong Combine Kung Combine）而無從下手？如其不然，中央銀行賣金子的鐵幕何不可以爲立法院、監察院、參議會駐會委員會揭開？我們國家是不是一個金子國，取之不盡的？如其不然，是不是還有別的方法吸收游資？是不是能和整個經濟政策配合？一旦用得差不多了之後，何以善其後？如果今日之『自由』是，則前年之『充公』非。如果前年之『充公』是，則今日之『自由』非。所以縱然『不是』黑暗重重，也是無辦法，無見識，無原則。子子孫孫要還的黃金債，他這樣子玩，玩得領導物價，不特不足平抑物價，反而刺激物價，紊亂物價，至少說來，他是澈底失敗了。」

因此，宋子文不得不承認「政策運用不當」，黯然辭去行政院院長之職，中央銀行總裁貝祖貽也被蔣介石炒了魷魚。

兩次黃金風潮案，俞鴻鈞都躬逢其盛，幸運的是，他的宦途卻未受影響。黃金風潮案除了嚴重衝擊孔宋家族，並且再在孔宋兩家之間撕開一道裂痕，夾處其間的俞鴻鈞以其高超的爲官之道逆來順受，終能迎刃而解，只是，一波未平，一波又起。

場景同樣是在國民參政會上，只是，這時國府已還都南京。民國三十六年夏，國民參政會開會期間，參政員質詢財政部部長俞鴻鈞，問他知不知道孔祥熙、宋子文以揚子公司和孚中公司的名義，利用特權中飽私囊總值三億多美元的國家外匯？據與會者形容，俞鴻鈞接受質詢時不光是口氣傲慢，而且口口聲聲「最高當局」，執意拒絕回答幕後指使者。參政員窮追不捨，情急之下，俞鴻鈞索性說：「這事我不清楚，你要問去問最高當局吧！」

在場採訪的《中央日報》採訪主任陸鏗聽到俞鴻鈞這麼回答，心裡氣憤不過，回到報館，二話不說，就召集《中央日報》記者，要求同仁務必拿到有力材料，好好揭露這一醜聞。他們把腦筋動到青年黨人陳啓天擔任部長的經濟部，設法把財政部和經濟部的書面調查報告連哄帶騙地弄了出來。那時不像現在有影印機，一切文件均賴人工抄寫，陸鏗動員了好幾個編輯、記者，吩咐大家每人抄一張，將這份報告分工抄寫完畢，再將材料重新裝訂成冊，派財經記者漆敬堯將那份材料送還經濟部商業司司長鄧翰良。

當晚，報社裡燈火通明，陸鏗、總編輯李荊蓀、副總編輯朱沛人經過一番會商，正式截稿，第二天，這篇報導在《中央日報》四版以頭條新聞的形式揭露。消息曝光之後，京滬等地爲之轟動，連上海《申報》、《新聞報》、《大公報》都紛紛轉載，這是前所未見的大新聞，外國駐南京記者也紛紛把這則新聞翻譯成外文，傳至全世界。這讓宋美齡火冒三丈，責問是黨內什麼人想出孔宋家族的洋相，逼著蔣介石追究責任，查辦到底。

蔣介石平日威儀棣棣，不可一世，但是，遇到太座發火，不敢稍有造次。蔣介石平時軍務、政務已經忙得他心力交瘁，焦頭爛額；萬一此事又鬧成家庭革命，豈不徒然擾亂生活秩序，增加內心憂煩，自然想方設法要查明事件源頭，查出究竟是誰在《中央日報》裡捅這麼大的漏子。

《中央日報》刊出這則新聞的當天上午，蔣介石連忙召集俞鴻鈞、國民黨中央宣傳部部長李惟果和副部長兼《中央日報》總主筆陶希聖、侍從室主任陳布雷，以及總統府政務局局長陳方，在黃埔路官邸緊急會商，解決這一棘手問題。

會議桌上，蔣介石面色凝重，聲言一定要查處責任。《中央日報》新聞開宗明義聲稱「據財政部權威人士告訴記者」，這句話原本是新聞故布疑陣之作，但蔣介石既然對財政部官員起了疑心，身爲財政部部長，俞鴻鈞得馬上起立自清，申明自己沒有洩露機密。

蔣介石和李惟果、陶希聖等人討論，這則新聞究竟是個人衝動的無心之過，還是另有政治陰謀詭計？蔣介石甚至懷疑是不是有共產黨潛伏在《中央日報》報館裡。但是，陳布雷和陶希聖畢竟對《中央日報》內情比較了解，他們也熟識陸鏗，依陸鏗的行事作風，料想是他幹出來的好事。

蔣介石命令李惟果、陶希聖直接找陸鏗交代消息來源，再行查辦。李惟果、陶希聖趕緊找到陸鏗問明底細，要陸鏗交代消息來源，那曉得「陸大聲」的嗓門比誰都大，他斷然表示，新聞記者最忌諱洩露消息來源，一個有職業道德的新聞記者萬萬不能洩露是誰告訴他新聞訊息的，這是中外新聞記者應該謹守的基本職業道德，更是記者至死不逾的信條。陸鏗辯稱，發表這則新聞的目的是爲國民黨好，而且是針對孔宋誤國，並不是針對其他的對象。

李惟果、陶希聖奉有總裁之命，心頭壓力沉重，看這情況，若不給陸鏗一點顏色，肯定交不了差，只好軟硬兼施，「曉以大義」，把蔣介石親自命令追查，開會罵人的經過，一五一十都跟陸鏗說清楚，甚至還告訴陸鏗，宋美齡爲此吵著要跟蔣介石離婚，請求陸鏗體察總裁「苦心」。

無奈陸鏗依舊不爲所動，依然堅持新聞記者不透露消息來源。

李惟果、陶希聖講了老半天，心裡是又急又火，指著陸鏗的鼻子說：「蔣先生是總裁，而你陸鏗是黨員（《中央日報》的記者必須是國民黨黨員），他將以總裁的身分命令你講出是誰告訴你消息的。」陸鏗拉開嗓門，直截了當地答覆道：「那我馬上退出國民黨！」李惟果等人也沒好氣地回答他說：「總裁已經決定要送你上軍事法庭，以叛國罪起訴你，你就準備一下吧！」

二、三天後，李惟果急匆匆來到《中央日報》，拉住陸鏗說：「跟我去見總裁！」坐上一部汽車，直奔黃埔路官邸。蔣介石寒著一張臉對陸鏗說：「究竟是什麼人告訴你這事的？你說！」陸鏗聽聞總裁要他說，他毫不客氣，滔滔不絕地講了十來分鐘話，大意是說，他到豫北採訪王仲廉部隊，親眼看到前方打仗的士兵連一口水都沒得喝，因爲他們身上沒有水壺。但是，政府的官僚豪奢貪腐，老百姓對孔宋有股怨氣，敢怒不敢言；陸鏗強調他在國民參政會上親見質詢的場面，俞鴻鈞部長把一切責任都往最高當局身上推。「我們在《中央日報》刊載的這則報導，揭露中央大員的弊端，這正表示國民黨不同流合污，總裁您大公無私，我如果有錯，那就請總裁給我處分吧！」

坐在陸鏗身邊的李惟果見蔣介石一臉鐵青，唯恐總裁心中怒火隨時爆發，一旦大發雷霆，那可不好收拾，趕忙站起身子說：「報告總裁，惟果有負總裁付託，請求總裁給我處分。」此時，蔣介石滿臉通紅地站起來，看著窗外，邊走邊說：「我誰也不處分，什麼人都不處分，你們走吧。」

兩次黃金風潮案，加上這次《中央日報》事件，俞鴻鈞都平安過關，絲毫未受牽連，說明他官運亨通，不愧是一福將。俞鴻鈞的個人特質備受蔣介石青睞，歷經大風大浪，依然穩如泰山，八風不動，不但官位越做越穩，而且寶座愈坐愈大。俞鴻鈞之所以能受到蔣介石賞識，與他歷經兩次黃金風潮案和各種風波皆能平穩應付有密切的關聯，更重要的是，俞鴻鈞不論在任何情勢下，均能死心塌地忠於蔣介石，這恐怕更是重要因素。

蔣經國上海打老虎期間，名義上俞鴻鈞是蔣經國的頂頭上司，可是俞鴻鈞從來不敢對蔣經國稍有造次，雖不至於卑躬屈膝、謹小慎微，至少也是以大事小，以禮相待，不敢耍長官派頭。明明俞鴻鈞比蔣經國大十一歲，但總是「經國兄」不離口，人前人後，言必稱「經國兄」，這自然使得蔣經國頗感窩心，在派系林立的國府，蔣經國能遇到俞鴻鈞這等溫煦儒雅的前輩，焉能不在父親面前多所美言呢？加之上海打老虎期間，俞鴻鈞百分之百執行蔣介石的指令，毫不打折扣。爲了吸收大量民間的黃金、白銀、美鈔、外幣，俞鴻鈞身爲「上海經濟督導員」，名爲在上海地區從事「經濟管制工作」，其眞正任務就是要在最短期間內收兌大量金銀外幣，充實國庫庫存，穩定金圓券幣值與幣信。俞鴻鈞忠實履行命令，自然更得蔣介石歡心，視之爲忠心股肱。

將大部分國庫存金搶運台灣，俞鴻鈞爲蔣政權立了一件大功，蔣介石對俞鴻鈞自是激賞有加。

三月十三日，蔣介石召俞鴻鈞至奉化溪口，《蔣公事略稿本》描述蔣介石召見俞鴻鈞時「敘談甚歡」，之後，又命俞鴻鈞和蔣介石一塊尋幽訪勝，「往遊青蓮寺，乘車經方門在山隍嶺下車，再經鳴岩、黃家嶺、孫家塔至沙墩頭而達青蓮寺，殿宇破敗，僧人庸俗，公意以爲青蓮本與雪竇齊名，不料其隘陋如此也。旋於後殿休，過午，巡遊一匝，歸途經沙墩頭，居民蔣姓攜其宗譜來見，公閱後，獲知其祖先爲邦才公，乃順道至其祠中敬祖，又聞其總祠在葛嶴，離此地約五里，乃改道往葛嶴，村中居民約二百餘戶，而蔣姓幾占半數，祠宇整潔宏廓，頗爲壯觀，入祠瞻仰，並閱覽宗譜，爲民國二年所編纂，較之沙墩所見者爲詳也，旋起程經安山廟至杜家，乘車回慈庵。」

晚飯前，蔣介石又「約俞鴻鈞理事聚餐敘談」，第二天，三月十四日一大早，又「接見俞鴻鈞理事，商談農民銀行事宜」。

蔣介石之所以連日與俞鴻鈞促膝深談，毫不覺得疲累厭倦，一方面是對俞鴻鈞搶運黃金之辛勞表示激賞與嘉勉，蓋蔣介石向來習慣以「關懷溫語」表達對部屬精神上的鼓勵，另方面，是年春天，由於連年征戰，國府財政只有出帳沒有進帳，歲賦無著，國府空虛，國家財政實已走到山窮水盡的地步，蔣介石想藉著與俞鴻鈞的接談，想出一套應急止血之策。

三月十四日，蔣介石早晨和俞鴻鈞三度深談，侍衛人員送來一份宋子文的電報，謂周象賢來奉化晉謁，託帶呈一函，報告中央與中國兩銀行情況，並稱其本人因血壓增高，擬赴歐洲療養。

宋子文落款三月七日致蔣介石的信上說：「茲以周象賢兄來奉化之便，託其敬候起居藉申衷悃，下列各事，並以密陳，（一）中央銀行劉總裁攻芸於兩星期前由穗過港轉滬，向文表示在目前環境下祇有惟徐堪之命是聽等語。而徐堪對中央銀行志在必得，故已由行政院會議通過修改〈中央銀行組織法〉，以財政部長兼中央銀行理事長，日前徐堪來港時，告文云：目前財政，如軍政經費不澈底裁減，絕對無辦法。文答以所見甚是，逐勸其在目前環境下，比較重大之問題既屬甚多，對於中央銀行制度，暫以不更改爲上策。彼亦表示爲然。惟當此亂世，人心難測，且哲生所組織之行政院或亦將發生問題，此後如何演變，殊難臆測。（二）近來金圓券貶價日劇，徐堪所擬辦法當難望有效果，一般海、陸、空軍人員心理必受莫大影響，據劉攻芸表示：擬每月出售一、二千萬元美金之黃金、外匯，維持兩個月再說，至政府現有之金銀及外匯，尚合美金三億元云。（三）中國銀行陳長相君現已被攻芸召赴上海，屬其參加平衡幣値委員會，文於席德懋君在上星期六返港時，囑其到滬後即催陳長相君回港，大約可無問題。惟現在各銀行從業人員心理浮動，中下級幹部均有不使高級主管人員離滬之表示，故如萬一上海發生變故，似必須有周密準備，以協助其高級人員離開，方爲妥善。至中國銀行現在缺乏重心指揮，效率亦顯薄弱。（四）廣東方面，張向華、李伯豪與桂系具有默契，薛伯陵對桂系痛恨，而對鈞座亦未甚滿意，惟余幄奇比較對鈞座尚稱忠實，文意對粵省宿將應請有切實聯絡。（五）文隨侍多年，心力勞瘁，近年來工作緊張，血壓頻增，來港休養，月餘仍無進步，如文目前無留國必要，擬赴歐洲療養數月，可否之處，敬祈鈞示。」

宋子文信中大意爲戰爭開支過於龐大，國府財政情勢再如此拖延下去，只有倒台一途，除非美國無條件提供大量金援，否則，就是華佗再世也無力挽救。蔣介石展信覽讀，與俞鴻鈞相視一嘆，大局如江河日下，不知伊於胡底，蔣先生看著窗外的景致，春風無力百花殘，不禁感傷萬千。

俞鴻鈞長期擔任財政部部長、中央銀行總裁，以他長年浸淫財政事務的直覺和專業，他比蔣介石更清楚，國府財政危如累卵的局面，萬萬再經不起任何風吹草動。宋子文信上之分析，更直陳財政官員束手無策、財政部與中央銀行官員內鬥傾軋，以及國家財政不可救藥的窘態。

蔣介石究竟是要置之死地而後生，或者完全撒手不管呢？他早已在二月三日的日記上寫下這麼一段耐人尋味的出山條件說：「此次引退，切莫爲外物環境所動，應作五年基本工作之打算。（一）外交無確實把握，不宜主政，（二）世界局勢無急劇變化，亦決不主政，（三）國家未至最危急地步，非至萬不得已時，決不從政，（四）如能終生不必從政，而以在野之革命領袖身分領導人民與政治黨務，以從事於革命基本工作，爲民生與社會之改造而努力，此乃畢生之願也。」在蔣介石列出這樣的條件之下，他看到宋子文信上所言，雖然滿心憂慮，亦無可奈何，只有靜觀時變。

在奉化溪口盤桓約莫一個星期，俞鴻鈞即告別蔣介石。他當面不好辭卻農民銀行董事長職務，回到上海，俞鴻鈞給蔣介石發了封電報，辭謙農民銀行董事長，說：「日前趨奉晉謁恭悉精神日健，體重增加，下懷欣慰。奉諭代理農民銀行董事長，當經一再懇辭，未蒙鑒准，殊深惶悚。昨叔明兄來奉，並託代陳下情，諒邀垂及，默察當前政治環境，以鈞擔任斯職，誠恐未盡恰當，似應仍由霱士先生繼續爲宜，加以宿疾屢辱眷注，正擬及時治愈，圖報將來，迫切陳詞，伏乞鑒宥。」

蔣介石接到俞鴻鈞推辭的電報，連忙密電俞鴻鈞，「望勉爲其難」，接任新職，俞鴻鈞身爲蔣介石僚屬，莫可奈何，只好接受新職，三月二十日，陳果夫寫信給蔣介石，說「俞鴻鈞已允代理農民銀行董事長」。

到上海不久，俞鴻鈞又趕回香港，把家眷從香港接到了台灣。

五月，他和台灣省主席陳誠奉蔣介石之命到澎湖密會。

蔣經國在這個月寫給父親蔣介石的一份自省錄中寫道：「俞鴻鈞先生對我說：『外行的生意決不可以做，就是內行的生意倘使沒有實權，亦不可以做，每一文錢倘使把他敲開來看，那都是含有血汗的。』深感這幾句話太深刻而有意義了，其實不但做生意如此，即做事亦何嘗不是如此。」俞鴻鈞這段語重心長的話，不但總結了大陸時期他的工作經驗與心得，更對蔣經國有很大的警醒作用，民國三十七年、三十八年之交，國府從事的各種財金措施，何嘗不是「外行的生意」呢？蔣經國上海打老虎，又何嘗不是「外行的生意」？

不久，俞鴻鈞被任命爲總統府國策顧問，研究台灣重建金融體系，以及解決美援中斷時期的財政難題。他的另一個沉重任務，是蔣介石要他負責整理從上海搶運到台灣的國庫黃金與重要物資。

不過，俞鴻鈞搶運黃金有功，蔣介石敗退台灣之後卻絕口不提，始終諱莫如深，把這樁運送國庫黃金的往事，視之爲「最高機密」，一直到民國四十七年間，蔣介石在一次與官員的私下談話中，語重心長地說出了對俞鴻鈞的激賞之詞。等到民國四十九年六月，俞鴻鈞因氣喘去世，國府官員才把俞鴻鈞搶運國庫黃金的事蹟以墓誌銘及紀念文形式公開褒揚，其墓誌銘寫道：「三十七年五月，奉命再兼中央銀行總裁，履危不亂，以非常機智果敢之精神，不顧各方非難與阻撓，密將庫存黃金悉數運台，國家經資以興復。大陸淪陷，挈眷來台，任政府國策顧問。三十九年二月，三任中央銀行總裁，推動經建。」

【運了多少黃金來台？】

民國三十八年春，搶運國庫黃金前後，蔣氏父子和國府官員之間函札、電報交馳，從函電內文中，可以大致了解自大陸遷運台灣的金鈔具體數目究竟有多少。

四月，徐堪出任財政部部長後不久，呈給蔣介石一份機密報告，惶惑不安的徐堪說明國府財政艱困之情況，同時也交代了國庫黃金存量，這份國庫黃金存量的截止時間是民國三十八年四月二十四日。

謹呈者。職奉命接長財政，並兼管國行，自維才幹任重，深懼引勝，乃荷諄諄勗勉，祇得遵命接任。數日以來，朝夕思慮，並就當前庫存情形及目前急需支付軍政款項，暨整理稅收可能之結果詳加檢討，實覺左支右絀，其困難實超出想像之外，謹縷陳於後：

一、目前中央銀行庫存情形，依據央行本月二十四日編製各地金銀存量表，計：

黃金	3,829,174.73 市兩
白銀	25,215,751.24 市兩
銀元	3,165 ,020.94 元

其次爲外匯，截至本月二十日止計有：

美金	12,012,268 元
英金	2,650,707 鎊
港幣	13,916,688 元
印幣	14,466,177 羅比

以上四項外幣，其中，港幣部分，近已大部支撥，所餘無幾；英金部分，已動用數十萬鎊；美金部分，亦略有支用，而待付之駐外使領經費、行將到期之外債本息、訂購軍油價款及

印鈔費等，爲數甚鉅。餘存外匯可資應用者已屬無多，至央行各地庫存之銀元三百餘萬元，大多爲各省軍政長官封存，或已提用一部分，尚待清查。交涉所存白銀，正在設法鼓鑄銀幣，其在美鑄幣廠約合三千萬元，須自七月十日起至九月底止分批運到。

二、目前急需支付之軍政款項，一爲六月份以前積欠軍政各費，折合銀元約五千萬元左右。茲經閻院長及龎主計長邀集各機關主管人員，詳細檢討所有目前難於辦到或無力辦理之事項分別停辦或緩辦，其情勢已經變遷之地方機關、人事等經費分別停支或減支，經切實核減後，綜計尚需銀元二千六百萬元始克應付。至七月份軍政各費，於七月上半月內須支付者，估計約需銀元二千餘萬元，故在最近數日内，必須籌妥銀元五千萬元，以備應付。一面著手整理收入，緊縮支出，重行編訂預算，並迅籌改革幣制，使財政金融漸入常軌。

三、各種稅收情形暨估計整理後可能之結果，自金圓券貶值以後，本年四月間各種稅費收入即已不敷。經徵費用，五月以後因金圓券價值日益低落，稅收幾等於零，最近多方研究整理稅收辦法，並擬改徵銀元，惟以戰區擴大，内地工業商業大受打擊，而一部份貨物稅已決定劃歸地方，就目前情況及現有稅源估計，關稅每月約可得銀元一百萬元，鹽稅約可得銀元三百萬元，各種統稅及直接稅約可得銀元四百萬元，合共八百萬元。惟在改制之初，稅源難期暢旺，估計第一個月至多收足銀元六百萬元，第三個月起，整理就緒，且入旺季，每月當可收足一千萬元。

四、今後財政收支，依照大體估計，每月收入僅一千萬元，而軍政費之支出每月須四千五百萬元，其收支不敷之數，達三千五百萬元。爲數仍屬過鉅，而此鉅額之虧短，今後不能再以發行紙幣爲挹注應付，更感困難。

現擬於整頓舊稅之外，參照歷年徵借糧食辦法，強制派募公債，以增加一部份收入，一面實施精兵簡政，再加裁併緊縮，並盡量停辦不急之務，以節省一部份支出。同時酌採閻院長作戰時期加大省縣地方職權之方針，將一部份國稅劃歸地方徵收，一部經費劃歸地方負擔，俾能因時因地制宜，便於應付。而中央收支虧短之數盡量減少，便於籌畫。

五、關於幣制問題。迭經邀集各有關機關首長及專家學者詳加研究，以爲在此時期欲作根本改革，樹立永久適宜之制度，深感條件未備，環境未許，難於達到預期之目的。而金圓券已失作用，不能爲收付之工具，最近一、兩月內，國庫支款幾於完全以金銀外幣撥用，不但實力消耗過大，窮於應付，且亦不成體制，爲適合人民心理及社會需要，制止當前金融幣制之紊亂，以爲將來體察內外情勢，再謀根本改革之張本。目前似宜先訂一過渡辦法，不必侈言幣制改革，其辦法要點擬定如左：

1. 政府明令規定，自本年七月一日起恢復銀元爲本位幣。

2. 由中央、中國、交通、農民四銀行組織聯合準備庫及聯合發行局，政府授權各該聯合組織發行紙幣，管理基金，藉四行聯合力量鞏固信用。

3.四行聯合發行局發行銀元兌換券，十足準備（六成現金、四成保證），無限制兌現，其發行之銀元兌換券，仍用各該銀行名義（仿照從前金城、大陸、鹽業、中南四行聯合發行辦法）。

4.政府非依規定提供現金及保證準備於聯合準備庫，不得向四行領券使用。

5.各級政府機關徵收稅費及公營事業收費，一律收受銀元兌換券。

6.銀元兌換券發行辦法及聯合準備庫聯合發行局組織辦法另訂之，其各行發行數額及其先後，依各該行準備情形定之。

六、依據上述各項情形，六月份以前欠撥各款亟待支付；七月份起用款亟待籌畫，而聯合發行辦法亦須早付實施，以期財政上得資週轉，而社會金融、經濟亦可藉以安定，茲將應行請求事項開陳於左：

1.擬請自六月份起，每月動支存金以二十萬兩為限。

2.初期發行銀元兌換券，為便於兌換，以固信用起見，須充分準備銀元，擬請以黃金二十萬兩向陸海空軍存台準備之銀元項下抵借銀元一千六百萬元，自九月起分兩月撥還銀元，換回黃金。

3.前奉廈門存金，分運重慶區各地者，請一律改運重慶，以便改鑄小金塊。

4.分運重慶黃金，擬請撥足六十萬兩，俾作三個月之準備。

以上所請，第一項每月撥用黃金二十萬兩，約合美金一千萬元，與　鈞座面諭閻院長之範圍，尚相符合，請賜核准。第二項所請，抵借銀元一千六百萬元，係為初期維持幣信所關。併乞　核准，並迅令聯勤總部代為分運廣州、重慶兩地，其三、四兩項，亦請令飭聯勤總部，迅為負責代運，俾資籌畫，妥為運用。謹呈

總裁

職徐堪　謹呈　六月二十七日

徐堪在這封致蔣介石的密電中，已經以大掌櫃的身分清楚揭示國府的深重財政危機，他明知蔣介石不會理會他撙節軍費開支的請求，但是，徐堪還是明知不可為而為之地建議——「擬請自六月份起，每月動支存金以二十萬兩為限」。

然而，徐堪給蔣介石打的這份報告上清楚記載，截至六月二十四日之官方統計數字，國府那時仍擁有國庫黃金三百八十二萬九千一百七十四兩，白銀則有兩千五百二十一萬五千餘兩，銀元（袁大頭）尚餘三百一十六萬多元。民國三十八年間擔任國府軍費總監——聯勤總司令部預算財務署中將署長吳嵩慶，其子吳興鏞在《黃金檔案：國府黃金運台——一九四九年》一書中指出，民國三十八年，國府從大陸搶運到台灣的國庫黃金總數量是三百五十萬兩左右。

這裡所講的「三百五十萬兩左右」的黃金與徐堪在六月向蔣介石報告的中約有三十餘萬兩的落差，合理的推論是，這短少的三十餘萬兩黃金應該是六月到十二月間為支應大陸各個戰場

上的軍需用掉的黃金。但值得注意的是，國庫存金固然有三百八十二萬餘兩，但並非全部都運到了台灣，除了一部分用於戰費，一部分遺留在大陸，未能搶運台灣。

五月二十九日，上海解放後，蔣介石、蔣經國父子到台灣視察，這期間，俞鴻鈞從香港發來一封密電：「面諭各節，遵已詳洽攻芸兄照辦。惟關於原擬運往廣州之黃金十萬兩，職離台前曾與陳主席磋商，均認爲鈞座既指示在先，似不宜遽予變更，故衹告以先將存穗之金、銀及美鈔動用，不敷時可用存港之港幣及英鎊，俟有需要時，再陸續起運存廈之黃金等語。關於重慶區部分，攻芸兄遵照鈞座指示，不必集中存儲一處之原則，擬分存重慶卅萬兩、成都十萬兩、貴陽十萬兩、漢中十萬兩，似可照辦。中農董事會在穗開會，職遵諭親自出席主持。關於中央銀行外匯部移港辦公一節，正在積極洽商中。」由此可知國共內戰晚期，爲了應付日益緊急的各地戰事，支付戰爭軍需的龐大開銷，蔣介石把原本存於上海的國庫黃金分散放置在全國幾個區域，包括廣州、重慶和台灣三個地方，而重慶區又分散存放於重慶、成都、貴陽和漢中四個地點，當然，台灣仍是國庫金銀最主要的存放地點。

除了黃金運送到台灣的總量問題，國共內戰最後階段黃金分散地點、國庫黃金的用途和分配問題，也是值得吾人關注及探究的。

《黃金檔案：國府黃金運台——一九四九年》一書提及，大陸國庫黃金被運離上海以後，用途主要爲幾個方面。第一批運到台灣的國庫黃金共約兩百六十萬兩，「就存入台灣銀行，因爲中央銀行那時還沒有在台復業」，這批黃金主要用做新台幣的準備金，以及穩定新台幣之用途，一部分用於軍需。

而軍事用途的黃金到底支出多少呢？徐堪的報告已經講得非常明白，其一，徐堪建議，從六月份起，一個月份額的軍費開支以黃金二十萬兩爲度，假使按照徐堪定下的這個動支標準，是年底，國庫黃金應支出了一百四十萬兩，國庫庫存黃金尙節餘兩百四十餘萬兩。

其次，徐堪的報告也明確提出，中央銀行曾在民國三十八年間發行「銀元券」。軍費，就以軍人的薪餉來說，主要是以國庫黃金做「質押」，每個月從國庫搬出二十萬兩去交換等值的銀元，再拿這些銀元發放給前線軍人，之所以如此，是因爲法幣、金圓券均因惡性通貨膨脹貶值到如同廢紙，不論是幣信、幣值都已處於無法繼續流通的崩盤邊緣，銀元券成爲安定前線軍心的定心丸。

民國三十八年，國府究竟從上海撤運了多少黃金到台灣，各方說法紛紜。

曾任大陸解放前海關總稅務司的李度，在一次談話中指出，民國三十七年末，國府用海關緝私艦裝運八十多噸黃金與一百二十多噸白銀到台灣。

早年曾擔任吳嵩慶機要秘書的詹特芳透露，國民黨當局運到台灣的金鈔數目爲美金八千萬元，黃金九十二萬四千兩、銀元三千萬元。

代總統李宗仁秘書梁升俊表示，國府從南京撤退時，國庫尙存有黃金二百八十萬兩，美鈔五千餘萬元，經合署的棉花紗布出售，總值不下黃金一千五百萬元，還有價值巨大的有價證券，合計約美金二億餘元。

吳興鏞在《黃金檔案：國府黃金運台——一九四九年》一書中提及金鈔運台總數時，則有更驚人的統計數字，說：「如以黃金做單位，純金運台約四百萬兩，另有約各相當二百萬兩金子的純銀及美金。其中做軍費用的黃金在四九年內戰時，由先父經手向大陸運去了約八十萬兩，但後來國府又從美國、日本等地補回大約同等數量，再加中央銀行以外的『其他公私銀行及金融機構』的黃金，最後留在台灣的全部黃金，極可能超出監察院所提到的三百九十萬兩。」

並說：「我在《傳記文學》一九九六年九月號曾以不完整的資料估計，大陸運台黃金的總數量是三百五十萬兩左右，到今天，有了較多的資料（也不算完整），總量也還是與此數相當接近的（約四百萬兩，見自序及表一）。當然再加上七仟萬美金（我父親經手的），就又是兩百萬兩黃金了（美金三十五一兩是當時的官價）。當然全部外匯還不只此數。再加上第一次運台的白銀一百廿噸及後來三千萬塊銀元及一億兩純銀（我父親經手的），銀子總數是七千萬美元，又是相當於二百萬兩，因此央行國庫整個金銀外匯總值是八百萬兩黃金，當然市兩、英兩又有少數差別，即使以英兩計，以今天六百三十元美金一兩黃金價計算，時價在四十億美金左右。」

照吳興鏞的非官方統計，國府自大陸潰退之際分批撤運來台的金鈔數量，單以黃金而言，即為三百五十萬兩左右。吳興鏞主要應是根據其尊翁吳嵩慶的遺留資料，然而，官方資料顯示，單以國庫黃金而言，就高達三百八十二萬兩之鉅，較諸吳興鏞之統計尚多了三十萬兩。劉攻芸在民國三十八年七月八日，亦即其辭卸中央銀行總裁職務後，呈給蔣介石的一份祕密報告中，詳細列出了當時國庫金銀及外幣的庫存統計數字。

劉攻芸的密電如是說：

敬呈者，謹將職交卸之日庫存金、銀、銀元、外匯、外幣明細表及金、銀、外匯、外幣折合美金總表，與勝利以來動用金、銀、外匯數字及綜合表，共二套，又外匯及金銀收付說明一份，恭呈　鑒核，謹呈　總裁蔣

職　劉攻芸　謹呈七月八日

劉攻芸報告附表：

外匯及金銀收付說明（中央銀行信紙）

外匯部份：在貝總裁任內，每月平均支出美金三三，三八八，〇〇〇元；張總裁任內，每月平均支出美金一七，三八七，〇〇〇元；俞總裁任內，每月平均支出美金四，七七四，〇〇〇元；劉總裁任內，每月平均支出美金九，五〇一，〇〇〇元（上列各任平均數字，並未

將歷年原幣墊款、暫託付款等支出之外匯，約美金一億五千五百參拾餘萬元之數字包括在內，因此項未包括之外匯數字資料不全，未能按歷任總裁時期劃分，惟如予併計，則各任支出外匯平均數字均須各有增加。又因此項墊款及暫付款，多半係發生於貝總裁任內，故平均數字以貝總裁之數字增加較多）。

俞、劉兩總裁任內，外匯支付之比較節省，實乃採用結匯證明書辦法，以後出口結匯漸增，而進口所需外匯即以出口所得外匯挹注，故政府不必供給進口外匯。查貝張兩總裁任內，商用外匯情形多屬「純支出」，即進口所需外匯，超過出口所得外匯。而俞、劉兩總裁任內，商用外匯情形則多屬「純收入」，即出口所得外匯，超過進口所需外匯。至劉總裁任內，平均支付數，較俞總裁任內平均支付數增大，一因最後一、二個月內，長江不守，輸出停頓，外匯收入銳減；二因最後一個月間，金圓券各地不能適用，一切支付不得不以外幣支付。

金銀部份：黃金在貝總裁任內執行拋售政策，共支出黃金三五三萬餘兩；張總裁任內收回黃金九四萬兩（內四〇萬兩由美國運來，五〇萬兩係購自敵僞產業，其餘爲美金公債收入）；俞總裁任內值金圓券實施之初，收兌黃金約一八四萬兩，嗣以執行存兌政策，支出黃金五四萬兩；劉總裁任內施行拋售政策，支出黃金二七萬兩，另支出軍薪餉折付黃金十九萬餘兩（包括最近在廈門、台灣撥交聯勤總部之十八萬兩），同時購回黃金二四萬兩（內二〇萬兩係向美國政府按每一盎司三十五萬美元購補，其餘在上海收購）。白銀在俞總裁任內收兌七六八萬兩，劉總

各地金銀及銀元存數（民國三十八年六月二十四日編）

地名	黃金	白銀	銀元	銀角
台北	2,935,805.145 SL		270,000	
廈門	219，9521OZ	21,608,004SL	41,676.75	
廣州	413，982.754SL		536,789.00	
	44,893SL	612，466.41SL	807,185.00	
紐約	345,293.853OZ	550,191.15OZ		
……				
總數	3,819,341.237	24,200,367.66	5,653,506.20	

裁任內以白銀交鑄銀元付出五二八萬兩（由上海中央造幣廠鑄造），撥付國防部白銀七〇萬兩（在港付）及向美國購回白銀二仟萬兩，英國購回白銀二四五萬兩，均爲鼓鑄銀元之用。

銀元在俞總裁任內收兑九八四萬元，存兑付出二六三萬元，另支出士兵撫卹經費三仟萬元；劉總裁任內付出銀元三五九六萬元（均爲軍費支出，計在廈門支出二仟二百萬元，廣州支出約五百萬元，香港支出一百七十萬元，上海支出七百萬元，上海支出數內部份係中央造幣廠新鑄銀元，此項新鑄銀元直供至上海淪陷，仍有一部份搶運至台灣）又漢口庫存銀元四百萬元，爲軍方挪抵未計在內。

六月二十五日，徐堪兼任中央銀行總裁，七月底，他給蔣介石上了一份祕密報告，也詳細列出當時國庫金鈔外幣的實際支付情況。

謹呈者，竊職於本年六月二十五日，接任中央銀行職務，茲謹將自到職以來，截至七月底止，中央銀行墊軍政款項及外匯收支概況，分陳如次：

甲、墊付軍政款項　查七月份內，財政部開發支付書，達六九四二萬元，除一部份以稅款收入抵支，一部份因撥款手續尚未辦妥外，截至七月底止，本行實撥總額共爲五五九七萬元，其分類如下：

一、國防費　五〇一七萬元

二、交通事業費　三四四萬元

三、各項行政費　二三六萬元

合計　五五九七萬元

乙、其他業務支出

一、收兌金元券約計數　二〇萬元（尚未全部收回）

二、收回金元券本票約計數　四〇萬元（尚未全部收回）

三、銀元及銀元券國內運輸費約計數　七六萬（空軍代運部份運費尚未計算）

四、外幣存款欠款折付銀元券　四〇萬元

五、各級政府機關臨時借墊款項　一〇〇萬元

合計　　　　　　　　　　　　　二七六萬元

丙、黃金、銀元支付及兌出數　前列甲、乙兩項各種支付款項，除一部份尚存本行待付外，其餘大部份均以銀元券支付，但軍政款項必須運往前線各地，或尚未開始兌現地點使用者，因銀元券在當地未能大量流通行使，不得不以現銀元支付，或以黃金折付，又銀元券之兌現在各地陸續開始辦理，亦須兌出銀元，其支付及兌出數額如左：

一、黃金　七月份內，共折付黃金一四八五九一市兩，按照支付日黃金牌價陸續折算，共合銀元一二四六萬元。

二、銀元　自七月四日，廣州開始辦理兌現，重慶、衡陽、桂林、貴陽、成都、蘭州、福州、廈門、長沙等地陸續開兌，共計兌出銀元一一一〇萬餘元，兌入三〇五萬元，實際兌出八〇五萬元（詳附表三），又以銀元直接支付軍政各款，共一五七萬元，兩共九六二萬元。

丁、外匯收支數額

一、自六月二十五日起至七月底止，支付各種外幣數額共折合美金四三一萬餘元（詳附表四），其主要用途如下：

（1）購銀鑄幣及國外運送金銀各項支出，約合美金二〇六萬元。

（2）改幣前以港幣支付各機關經費，約合美金一三一萬元（大部份係劉任內已核定撥付者）。

（3）撥匯政府機關及駐外經費約合美金四四萬元。

（4）商用外匯（由指定銀行提取存款及撥還代付款）約合美金四五萬元。
（5）其他費用約合美金三萬元。
二、外匯收入，自六月二十五日起至七月三十一日止，收入各項外幣折合美金共爲四二四七六八・三一元，計分收入出口結匯、僑匯、門市收兑外幣及資委會解交款項等四項（詳附表五）

所有本行自六月二十五日起，至七月底止，支付各款，及外匯收支情形，謹檢同附表呈祈
鑒察　謹呈
總裁

兼中央銀行總裁　徐堪

從徐堪這份密密麻麻的清單可以略窺在國共內戰最激烈的階段，打仗花錢如流水的情況，僅以軍費（徐堪說「國防費」）而論，一個多月的時間竟然支出五千萬零一十七元銀元，幾乎占了國府一個月總支出的百分之九十。

值得注意的，這份密件呈給蔣介石的時候，金圓券已經完全無法在市面上流通，無異已完全破產，連廢紙都不如了，所以，國府當局要支付各種款項，被迫必須使用三種方式，一是使用尚未全面流通的銀元券，但正如這份密件所言，「銀元券在當地未能大量流通行使」所以，公家單位要支付各種費用，只好拿民國初年通行全國的「袁大頭」——銀元來支付，如果沒有銀

中央銀行　Cable Address
THE CENTRAL BANK OF CHINA　"GOVERNBANK"
運台保管黃金收付及存餘數量表(卅七年十二月四日至卅九年二月十二日止)

收入

(1)第一批由滬運台(卅七年十二月四日)	2,004,459.506	純金市兩
(2)第二批由滬運台(卅八年二月七日)	554,394.896	〃
(3)第三批由滬運台(卅八年六月五日)	192,029.743	〃
(4)第一批由美運台(卅八年八月廿二日)	99,537.254	〃
(5)第二批由美運台(卅八年八月卅日)	99,537.354	〃
(6)尾差兌入	11.526	〃

總計　2,949,970.279 純金市兩

付出

(A)駐台代表處經付由滬運台黃金(卅八年十二月廿日止)

(1)卅八年六月廿一日撥付台灣銀行	800,000.000	純金市兩
(2)卅八年十月十五日撥付東南軍政長官公署	125,000.000	〃
(3)卅八年十月十五日運渝總行	275,001.434	〃
(4)卅八年十一月廿四日撥付東南海航務委員會經費抵押	10,000.000	〃
(5)卅八年十一月卅日撥運定海分行	3,005.714	〃
(6)卅八年十二月六日撥運成都分行	49,975.527	〃
(7)卅八年十二月十一日撥付東南海航務委員會經費抵押	10,000.000	〃
(8)卅八年十二月十一日撥付國防部預算財務署亥月軍費	66,900.000	〃
(9)沖付第263號箱缺少一小條	.981	〃

以上共計撥付　黃金1,339,883.656　純金市兩

中央銀行 Cable Address
THE CENTRAL BANK OF CHINA "GOVERNBANK"

付出（承第一頁）

(B)駐台代表處經付由美運台黃金（卅八年十二月廿日止）

(1) 卅八年八月廿九日撥付廣州總行	50,000.000	純金市兩
(2) 卅八年九月三日撥運廣州總行	50,031.143	〃
(3) 卅八年十月十五日撥付空軍總部（價售銀元）	66,260.163	〃
(4) 卅八年九月九日撥付海軍總部修艦費	5,747,126.000	〃
(5) 卅八年九月十日撥付聯勤總部運蓉	20,000.000	〃
(6) 卅九年九月十五日撥運總行	7,000.828	〃
以上共計撥付　黃金	199,039.260	純金市兩

(C)總行遷台後經付（卅九年二月十二日止）

(1) 卅八年十二月廿六日撥付國防部預算財務署運海口	22,222.000	純金市兩
(2) 卅八年十二月卅一日撥付台灣銀行	100,000.000	〃
(3) 卅九年元月廿日撥付台灣銀行借用	126,000.000	〃
(4) 卅九年元月廿日撥付國防部元月份軍費一部份	65,000.000	〃
(5) 卅九年元月卅一日撥付國防部二月份一期軍費	47,894.567	〃
(6) 卅九年元月卅一日撥付國防部元月份軍費	60,771.820	〃
(7) 卅九年二月七日撥付國防部元月份軍費	13,516.554	〃
(8) 卅九年二月七日撥付國防部二月份軍費	46,930.248	〃
(9) 沖付運台黃金C字第三號及256號原箱短少各一小塊	6.247	〃
以上共計撥付　黃金	482,341.436	純金市兩
共付	2,021,264.352	〃
存餘	928,705.927	〃

元或數目太過龐大，只好以黃金折付。尤須注意者，徐堪的電報中亦稱尚有「一部份尚存本行待付外」，換言之，還有若干應付帳款，國府尚未支付，處於積欠狀態，優先付出了包括國防費五〇一七萬元、交通事業費三四四萬元、各項行政費二三六萬元，總計五五九七萬元。

從外匯的收支情形可知支出的美金多達四百三十一萬餘元，而收入的外匯卻僅僅爲四十二萬餘元，收支竟爲一比十的懸殊比例，可見國府外匯捉襟見肘之窘狀。

國府搶運到台灣的國庫黃金總量究竟多少，各種說法不一而足，但如果單單以黃金而言，一份中央銀行呈給蔣介石的內部報告，顯示從民國三十七年十二月四日到民國三十九年二月十二日國庫黃金運送到台灣之後的總量和進出情形。

這份文件顯示，從民國三十七年十二月四日到民國三十八年八月底，國府一共從大陸和美國運送了二百九十四萬九千九百七十點二七九市兩的純金到台灣，並先後「撥付」了八十萬兩、十萬兩、十二萬六千兩，總計一百零二萬六千兩的純金給台灣銀行，據信主要是做爲新台幣發行之準備基金。民國三十八年十月十五日，另外還撥付了十二萬五千兩黃金給東南軍政長官公署，所以，共撥給台灣一百一十五萬一千兩純金。

在戰後那段最艱困的歲月中，這筆爲數一百一十五萬多兩的黃金，成爲台灣金融、財政從戰火廢墟及艱難困苦中復興崛起的資本。

從這幾份國府密電及內部文件可以得知國府在國共內戰晚期總共運送了二百九十餘萬兩的

國庫黃金到台灣，二百九十餘萬兩黃金是國庫黃金搶運到台灣的官方數據，其中，劉攻芸呈報給蔣介石的運台黃金數字是二百九十三萬五千八百零五兩多，國府播遷到台灣以後統計運台黃金的數額，中央銀行的官方數字是二百九十四萬九千九百七十兩多，兩者的落差約為一萬四千一百六十五兩，但無論如何，二百九十四萬餘兩應該就是從大陸運抵台灣的國庫黃金。

三、運國寶

【決定國寶命運】

民國三十八年十月一日，與毛澤東在北京天安門主持開國大典的同一天，教育部部長杭立武密電（簽呈）蔣介石「呈報河南博物館古物已由本部派員查點接管，將來擬擇要運台併存。竊查河南博物館自抗戰徙渝，迄未遷回，近以省境陷匪，與省府失卻聯絡，員工生活陷於絕境，所存渝古物六十八箱有殷墟器物及陶器、銅器等，極具價值，若不設法接管，恐將散失。本部頃奉行政院令飭，已電駐渝辦事處派員接管，正在辦理查點手續。惟在渝保管，似不甚適宜，擬俟查點手續完畢，擇其重要者空運台灣，去年南京疏散時，立武奉派爲故宮博物院、中央博物院搶運古物數千箱至台灣，現設有聯合管理處，將來河南博物館存品似亦可交該管理處一併保管（按：後被改成「可交由故宮中央博物院聯合管理處保管」）以策安全。鈞座對該館古物向極關懷，憶去冬在京，曾蒙垂詢，故具簽以聞。」

之後，杭立武又於十月六日上簽給蔣介石，呈送到陽明山的總裁辦公室。總裁辦公室秘書室主任黃少谷和前社會部部長谷正綱即據此於十月十日聯名寫了一份簽呈給蔣介石。

蔣介石是如何批覆杭立武的簽呈呢？

擬稿者　益民　事由　復十月二日簽呈已呈閱悉由
處理時間　民國三十八年十月十二日
教育部杭部長立武勛鑒：十月一日、二日關於河南博物館及處理西北三院校員生簽呈二件，經呈總裁悉，奉諭各項措置頗爲適當等因。特覆請惠照，中國國民黨總裁辦公室。酉印
民國三十八年十月十五日　總發文台一字四二七號

大陸潰敗，改朝換代之際，蔣介石對故宮文物的處理早有明確的政策下達，只是，這份從總裁辦公室發出的文件更具體揭露了蔣介石從民國三十七年底以來，有關處理故宮文物的基本政策，即「播遷台灣」。

由於戰爭因素，導致戰後許多國寶的存放地點分散在全國幾個不同的地方，抗戰時期遷運到四川重慶的河南博物館文物在勝利後迄未全部搬遷到南京，仍然存放在四川。國共內戰開打以後，暫存於南京的「國立故宮博物院」與「國立中央博物院」的文物自民國三十七年底起，分批搶運到台灣，唯獨留存在四川的河南博物館文物還來不及運去台灣，戰火漫天之際，杭立武急電向蔣介石請示，要求空軍派遣專機到四川重慶，把河南博物館最精華的一批文物搶運到台灣。

故宮博物院退職資深人員索予明的文稿揭露了杭立武當初直接請見蔣介石，建議播遷河南

博物館這批文物，並獲肯定的全般經過。他說：「在三批文物運台後不久，南京易守，整個大陸就在打打談談聲中半壁江山變色。三十八年十月間，戰火蔓延到西南各省，重慶形勢危急，杭先生時任教育部長，隨政府駐守在渝，撤退前夕，應豫省籍人士之請，以原屬河南省立博物館留存在重慶的一批古物，請求設法運台保存。杭先生爲此晉見老總統蔣公，特准調撥空軍專機兩架備用，但因古物儲存在重慶南岸柏溪郊外，離白市驛機場相當遙遠，息遽間搶運出三十八箱，來台後運存於台中，交由兩院聯合管理處代管。直到民國四十五年國立歷史文物美術館（即現歷史博物館前身）成立，逐由聯管處移交予該館入藏，此中精品、商周青銅器，包括早年出土於河南省安陽、新鄭、洛陽、輝縣等地生坑，綠鏽斑駁，學術價值珍貴，早有定評。現經常展陳於台北南海路歷史博物館正門入口一間大陳列室，視同鎭館之寶。」

從河南博物館文物運到台灣的經過可以發現，表面上，故宮文物與國共內戰軍事問題無直接關聯，終年忙於剿共戰事的蔣介石似乎對故宮文物之播遷亦較少著墨，所以，有人可能認爲故宮文物播遷台灣和蔣介石沒有直接之關聯。在內戰末期，國軍一瀉千里，國府上下忙著後撤人員、物資，在兵荒馬亂，連逃命都來不及的緊要關頭，如果未得蔣介石之命令，故宮文物焉有遷台之條件。

因此，從杭立武和蔣介石之間的函牘往來恰可印證，要不是蔣介石親自下令撥出船艦、專機搶運，上自故宮理事，下至一般官員，即使插翅亦萬難運送成千上萬箱的文物到台灣。

話說民國三十七年冬，繼東北戰場失利之後，蔣介石陳兵百萬，本欲在徐蚌會戰（共方稱之爲淮海戰役）與共產黨決一死戰，孰料國軍完全不敵共軍攻勢，京滬與江浙遂陷於四面楚歌的絕境。

兼有教育部次長、故宮博物院理事會兼秘書，以及中央博物院籌備主任三重身分的杭立武警覺到，基於安全上的考量，故宮文物似乎有再度遷運的必要。根據抗戰時期由南京搬運文物到大後方的經驗，杭立武覺得自己有一份使命感，應該設法把這批文物運到南方，一個遠離戰火、兵戎，比較安全的地方。

爲此，杭立武經常和故宮理事朱家驊、王世杰、傅斯年、李濟等人商議，同時和中央博物院和故宮博物院的同仁聯繫，詢問他們的意見。

最後，杭立武向當時的行政院院長翁文灝提議，爲了文物的安全考量，應該想辦法把這一大批文物，擇其精華，遷運到南方比較安全的地方去。杭立武說：「翁先生您因爲是行政院長，所以是故宮博物院理事會當然理事長，您是不是可以召集理事會，討論文物南遷的事？」翁文灝以遷運文物之事一旦公開討論，勢必影響民心士氣，以不召開爲宜，但可以在他寓所召集理事們舉行談話會。

杭立武當即聯絡朱家驊、王世杰、傅斯年、徐森玉、李濟等故宮理事於十一月十日到翁文灝寓所。當天，與會理事眾口同聲認同遷移文物的提議，認爲若能把當時存放在南京的故宮博物院及中央博物院的文物趕在南京淪爲戰場之前，直接遷運到台灣去，那才是萬全之策。在場的理事們沒有任何異議，翁文灝當即表示，大家既然都主張搬遷，他也不反對。

朱家驊因爲是教育部部長，因此於會中提議將國立中央圖書館的圖書也一併運到台灣，傅斯年則是中央研究院歷史語言研究所所長，建議該所的文物也搬到台灣。在與會理事沒有異議的情況下，同意中央圖書館和中研院史語所的文物、故宮博物院及中央博物院的文物同時運走，此後，又有國立北平圖書館的部分圖書和外交部的部分重要檔案也要同時運往台灣。

【分批運國寶】

既然有各單位的檔案、文物，以及最重要的故宮國寶要「同舟共濟」，杭立武就召集了故宮博物院及中央博物院、中央圖書館、中央研究院歷史語言研究所，以及外交部等單位代表成立一個「聯運機構」，討論相關事宜，並公推杭立武擔任執行搬遷任務的主導者。

據杭立武表示，箱件的選擇和整理由各單位自行負責，聯運機構的主要工作是備妥運輸工具，籌措路上一切經費開支。

故宮博物院及中央博物院究竟要選多少箱文物到台灣，其標準係以精品爲原則。故宮博物院是遵照理事談話會的決定，以先運走六百箱爲目標，同時以當時參加英國倫敦藝術展的八十箱文物爲主；中央博物院也以理事會的決定，選出一百二十箱精品運送到台灣；其他機關也各自挑選該單位最精要的文物和檔案。

兩院文物分三批運到台灣。

第一批由海軍運輸艦〈中鼎輪〉負責載運，十二月二十一日在南京下關裝船。杭立武說，第一批文物中，故宮博物院有三百二十箱、中央博物院二百一十二箱、中央圖書館六十箱、中央研究院一百二十箱、外交部六十箱，共七百多箱，押運官員代表爲中研院的李濟，故宮博物院人員爲莊尙嚴、劉奉璋、申若俠，中央博物院人員爲譚旦冏、麥志誠，中央圖事館人員爲王省吾，中研院人員爲李光宇，外交部官員爲余毅遠。

杭立武回憶，在文物裝上〈中鼎輪〉之前，已有許多海軍眷屬得知該艦要開往台灣，於是扶老攜幼，攜帶個人箱籠、行李蜂擁登上〈中鼎輪〉。艦上官兵明知這批眷屬並未獲准登艦，但基於眷屬們多半是同袍或長官的家人，不便阻攔。這下子，文物反而無法上船，杭立武幾度和海軍方面協商，希望能勸導這些眷屬搭乘別的船去台灣，可是，艦上官兵也無可奈何，情急之下，杭立武打電話給海軍總司令部周姓參謀，轉報總司令桂永清。

桂永清親自登艦說服這些海軍眷屬，應以國家文物爲重，不要耽擱重要文物的運送，眷屬們見總司令親自出馬勸離，迫於長官威權，不敢多言，因此被迫下船離去。

〈中鼎輪〉於十二月二十二日開船，啓航時間比國庫黃金搶運到台灣的時日晚了十七天（按：國庫黃金啓運的時間是十二月初，十二月四日運抵台灣基隆），經歷四天的海上航行，十二月二十六日平安抵達基隆港，並於第二天清晨逐一搬下船，裝上火車，當天傍晚開往桃園楊梅。先遣人員中央博物院的楊師庚、中研院史語所的芮逸夫已事先協調楊梅通運公司的楊梅倉庫，供做第一批文物安置的地點。

但是，楊梅的倉庫容量有限，第一批尚可勉強應付，如果陸續再運來，就要安排更大的倉庫，楊師庚、芮逸夫乃會同第一批押運人員譚旦冏等，連袂去了一趟台中，他們都認爲台中的氣候比台灣北部乾燥，濕氣沒那麼重，而且、恰巧台中糖廠有一幢庫房仍閒置未用，即電報杭立武，告知已選妥安置文物的最佳地點。杭立武馬上打電報給台中市市長陳宗熙，陳宗熙適爲杭立武在金陵大學的同學，在陳宗熙的協助下，與台中糖廠於升峰廠長商議，徵得原則同意，除提供兩棟倉庫做爲日後存放文物之用，並撥給一塊地皮供做修建職員宿舍之用，因此，除中研院部分，第一批文物於民國三十八年一月九日全運到這裡。

接著準備第二批的文物遷運工作。由於戰事日漸緊張，海軍已經無法抽調軍艦協助運送，迫於無奈，杭立武決定租用商船，透過朋友向招商局洽租商船〈海滬輪〉運送文物。

民國三十八年一月三日，〈海滬輪〉駛抵南京下關碼頭，經過三天日以繼夜地裝載，第二批文物全部裝上，故宮博物院有一千六百八十箱、中央博物院四百八十六箱、中央圖書館四百六十二箱、北平圖書館十八箱、中研院八百五十六箱，共三千五百多箱，各機關的押運人員，故宮博物院爲那志良、吳玉璋、梁廷煒、黃居祥，中央博物院爲李霖燦、周夙森、高仁俊，中央圖書館爲蘇瑩輝、昌彼得、任簡，中研院爲董同龢、周法高、王叔岷。

一月六日開船，一月九日抵達基隆。船到碼頭時，因爲火車貨車車廂不敷使用，一直延遲到一月十二日才開始卸貨，搬上火車，除中研院的，其他各單位的文物都運往台中糖廠的倉庫。

一月九日，故宮博物院、中央博物院及中央圖書館的代表於中央博物院會議，就第三批文物的箱數達成協議，故宮博物院爲一千七百箱，中央博物院和中央圖書館則各爲一百五十箱。

杭立武說，爲了運送第三批文物，他向國府爭取到運費金圓券六十萬元，計畫跟第二批文物一樣租艘商船，但當時所有商船全被軍政機關徵收，忙著運送軍用物資，杭立武迫於無奈，只好再商請軍方幫忙，桂永清隨即指派運輸艦〈崑崙艦〉負起運送國寶的任務。

這時，長江北岸的共軍節節勝利，京滬地區已經十分緊張，三千多噸的〈崑崙艦〉接到任務時正忙著其他任務，海軍方面跟杭立武說，軍艦的船期不能公開，〈崑崙艦〉開到南京下關碼頭時，一定要爭取時間，趕緊把文物裝上船，所以，軍方希望先把文物搬到碼頭，船艦隨到隨搬，故宮博物院、中央博物院及中央圖書館的人員於是將所有文物搬到碼頭，靜候〈崑崙艦〉到來。由於氣候陰濕，天空不停飄落細雨，爲了防止放在露天碼頭上的文物受潮，只好在箱上蓋上油布，遮蔽雨水。

杭立武回憶當時，說：「南京是陰雨天氣，細雨霏霏，江浪滔滔，碼頭上人跡稀少，一種淒涼景象，令人有不勝唏噓之感。」

一月二十八日下午，〈崑崙艦〉開到南京下關碼頭，艦長宣布只停留二十四小時，故宮博物院等三個機構的人員因此急著要開始搬運，可是，一月二十八日適逢舊曆除夕，碼頭工人以過年為由，不願意在大年夜加班，經過軍警多方疏通、遊說，並且以加發「新年獎金」吸引，這才安撫工人情緒，勉強答應連夜搬運。

剛解決碼頭工人的問題，新的難題又出現了。成群的海軍眷屬聽到有船要開往台灣，紛紛擁上〈崑崙艦〉，艦上官兵一看全是同袍的家眷，不好阻攔。軍眷上船之後，原本就已極為擁擠的艦上船艙更無容身之地。〈崑崙艦〉原本有兩個大艙，前艙已經裝載了某單位的重要物資，剩下的空間只夠堆放五百箱文物。

迫於無奈，杭立武只好再找海軍總司令桂永清幫忙。桂永清上船視察，本想勸軍眷們下船，讓出空間，可是，因為時局日漸緊張，大家都急著離開南京，聽到桂永清又要趕他們下船，一些老幼婦孺都放聲大哭，沒人願意下船，這下子連桂永清也拿他們沒辦法，畢竟這些眷屬多是追隨桂永清多年的同袍家人，於心何忍。

桂永清無法可想，只好命令艦長把艦上官兵的臥艙開放，盡量裝運，於是乎，艦上甲板、飯廳、醫務室都堆滿了箱子。

運上〈崑崙艦〉的第三批文物有一千多箱，故宮博物院為九百七十二箱，中央博物院為一百五十四箱，中央圖書館為一百二十二箱。按照原定計畫，中央博物院的文物已全部上船，故宮博物院仍有七百二十八箱留在碼頭上，中央圖書館也有二十八箱。

此批文物在海上航行的時間最久，花了二十四天才到基隆港。杭立武說，〈崑崙艦〉於一月三十日離開南京，第二天到高昌廟的江南造船所修理，直到二月九日才離開上海，二月十一日抵達定海，二月十四日到福建馬尾，二月二十二日才開抵基隆，隨即以火車將所有文物運送至台中市，和前兩批一起放在台中糖廠的倉庫裡，總計，故宮博物院有二千九百七十二箱，中央博物院有八百五十二箱，中央圖書館有六百四十四箱，北平圖書館有十八箱。

〈崑崙艦〉何以花了二十四天才抵達台灣，載送前兩批文物的船隻在海上航行的時間充其量不過五天四夜，〈崑崙艦〉航行途中究竟發生什麼樣的離奇事件？當年在〈崑崙艦〉擔任副艦長的褚廉方寫過一篇題為〈國寶運台記略〉的文章，刊載於民國五十八年十二月號的《傳記文學》，敘述運送文物的曲折過程，其內容如下：

民國三十八年，余在海軍〈崑崙〉運輸艦艦長任內，為裝運物資及撤送軍眷，于元月底率艦抵達南京下關，突奉總司令桂永清將軍指示，協助「中央」及「故宮」兩博物院歷史文物一批赴台。

〈崑崙艦〉載重僅三千噸，艦齡已老，以時值非常，原定運輸量即已超載，及目睹碼頭上山積之二千餘箱文物，內心實感惶惑，然此皆我國歷史文物之精粹，尚不及時運台，勢必陷于匪手，又經杭立武先生洽示其重要性，余乃毅然下令全體官兵，挪出艦上所有空間，盡可能協助就載。于是官兵寢艙飯廳乃至醫療室，均大箱小籠，滿坑滿谷，并作各種安全措施，縱使如此，仍有部分文物無法容納，如今憶及，猶感遺憾。

余下令封艙之後，負責押運連絡之杭立慈、索予明二先生懇切表示，尚有四箱翡翠屏風等玉器，係抗戰勝利後自日本皇宮接收回國，不僅價值連城，且爲我國八年血戰後所獲最富意義之紀念品，可惜尚未搬運上艦。余聞之，熱血沸騰，心情激動，乃再下令把官兵寢室之辦公桌椅撤除，將該四箱國寶搬運上艦。唯因木箱體積頗大，致通道阻塞，使官兵在工作及生活上均極感不便。

猶憶在裝載過程中，部分碼頭工人受匪支使，迭謀阻撓破壞，均經治安軍警及我艦官兵曉以大義，并嚴密監視，使裝艙工作得以順利完成。次日，雖逢農曆除夕，仍按計畫啓赴上海。途中突被匪砲火攔截，于次日抵滬。往整修機件後，克服超載困難，途經定海、馬尾及廣州等地轉撥軍品，前後歷二十餘日，經將此批歷史文物完整運抵基隆。

今政府在台成立故宮歷史博物館，展出該抵文物，供中外人士觀覽，深獲景仰。緬懷運台前塵，前主持遷運之兩院負責人士如王世杰、杭立武、傅斯年等諸位先生及〈崑崙艦〉官兵，應深獲感慰矣！是爲之記。

索予明曾對褚廉方這篇回憶提出補充，他說：

我以當事人之一，看過了這封信，有些話想說：

1.褚君稱此事在他「艦長任內」，我以所知，那時候他還是副艦長。艦長是另有其人，只是不太管事，聽說在這次任務完成後不久，被人控告他企圖「靠攏」（就是想投共）有據，後依法制裁。也許因此副艦長昇正，不過在當時我們都稱他「副長」。

2.信上提到杭立慈，當時確定沒有這個人了出現過。事實上也不知有其人，直到杭立武先生在台中創辦東海大學，我才首次見得其人的，經人介紹：他是杭立武先生之弟。當年在下關碼頭自始自終何嘗有他出現？褚副艦長如何得知有此人的？這件事很費解。

3.褚艦長（依其文中自稱），當艦上已超載，他下令封艙後，臨時又增四箱日本歸還的古物，艦長愛國熱忱，才決定把這四箱塞進了艦務官的寢艙，但因木箱過長一半留在寢艙門外，致走道阻塞，官兵確實不便且十分辛苦，我方提出以十萬金圓券做爲慰勞全艦官兵（這筆錢原來是準備雇用商船的預算），由我與褚連甲先生（中央圖書館派出的主持人）共同親手拿了這筆錢交予褚副艦長的。這一點，褚文中未提起。

4.此次行，我們是三十八年一月廿九日上午九時離京（這天換算成農曆，正是民國三十七年臘月三十日，大家正忙著過新年），到二月二十二日抵基隆，算來足足二十四天。文章說：「途經上海、舟山、馬尾、廣州等地。」在上海是爲了修船，其他停留，未說明原因，但我確定沒到過廣州。

此文是一位當事人的回憶錄，十分重要。我提出以上疑點，也是基於當事人之一，中間就是這樣的差異，可見寫歷史眞不是一件容易的事。

對照褚廉方、索予明的說法，可得若干印象。其一，〈崑崙艦〉順著長江往長江口方向航行時，途中突遭岸邊（江北）匪砲火攔截，可知其航程之艱險；其二，該艦原任艦長企圖叛變投共未遂，後遭逮捕槍決，但是不是〈崑崙艦〉流連海上二十餘天的原因，未可知也，不過，由此可知故宮文物漂洋過海來台灣，確實歷盡千辛萬苦，備嘗各種艱難困苦；其三，〈崑崙艦〉原本之任務即是運送故宮及某單位之物資至台灣，並無其他複雜之戰鬥任務，褚廉方文章稱該艦至上海是爲了修船，又在其他港埠停留，則未說明原因，以至整個航程花了二十幾天，是否有其難言之隱，頗令人生疑。

親歷故宮文物遷台工作的索予明對此事曾詳細的描述道：「參加第三批遷運工作的共有三機關，徐了兩個博物院，還有中央圖書館。三十八年一月九日，由三機關各派員在中央博物院集會商討，初步決定此次遷運文物二千箱，分配數額是：故宮一七〇〇箱，中央博物院與圖書館各一五〇箱，並寬籌經費金圓券六十萬元。當時最大的問題是交通工具非常缺乏，所以這六十萬元中，有十萬元預作船租費用，原來打算也像第二批一樣，租用一條商船來運輸，但因為當時京滬一帶情勢一天比一天緊張，此時幾家民船公司，都忙於應付軍運，絕對調不出船隻來供給其他方面的需要。所以交通工具的困難，不是有錢就能解決問題的。記得當時有一位負責事務工作的凌先生，為此事跑遍了首都所有的交通機構，久久不得要領。最後還只好去請求當時的海軍總司令桂永清將軍，桂將軍慨然答允協助，由海軍總部派了一艘〈崑崙艦〉軍艦來擔任此次運輸工作，使當時最感棘手的交通工具問題，就此迎刃而解。同仁聞道此項消息，眞是喜出望外。

〈崑崙艦〉是一艘三千噸級的運輸艦，據說其噸位僅次於〈峨嵋號〉、〈運輸艦〉。船齡老一點，但以之擔任這次的任務應該是絕無問題的。事情雖然是如此定奪了，只是這條兵艦當時還正在從事一樁別的任務，不知道何才能返京？海總的官員告訴我們說：最好是把要運的箱件，預先搬到碼頭等待，因為一則軍艦的任務太忙，停靠碼頭的時間短促，再則戰時軍艦靠岸的時間例須保密，不能事前外洩。我們聽了這幾位官員的話，只好馬上動手，從三處庫房提出了要運的兩千只箱子。全部運到下關碼頭等待。當時海軍方面本身待運的物資山積，更無倉庫可借用，我們的箱子只好放在露天中，臨時購買了一大批油布搭蓋起來。好在是海軍碼頭，安全方面不會有太多的顧慮。記得這一天是元月廿八日，偏値陰雨天氣，眼見這些用油布搭蓋而堆積著的文物箱件在風雨飄瀟中，有如往日的天之驕子，一變而為眼前的道旁棄兒；此時碼頭上人跡稀少，江浪滔滔，海天茫茫，風雨如晦，國步多艱，令人有不勝唏噓之感！

元月廿八日午后〈崑崙艦〉抵岸，艦務官宣佈說：祇能停靠廿四小時，動作必須快速。巧的是這一天，適逢舊年前的臘月廿九日，一部分碼頭工人，本來不願搬運物資離境，正好以『過年』做為藉口，來消極抵抗。好在事前工會方面接受了我們一筆定金，預有承諾，及內政部主管工會組織方面的疏通，並且答允加給『新年特別金』，這樣才勉強集合了一批力伕，連夜搬運入艙。

但是想不到的是，我們這裡正在和碼頭工人辦交涉，海總一部分人員因得悉有艦隻駛台，於是乎攜家帶眷，一擁而上，軍艦當局因為是自己人，也不便怎樣阻止，終於連底艙也被占住了。這樣一來，我們所要運的箱子，反而無法容納，構成了嚴重問題。幾經交涉，絲毫不得要領，最後還只得把問題呈報總司令。前此當第一批文物運台時，同樣的事故也發生在〈中鼎號〉上，經總司令登艦曉諭後，馬上就解決了問題。事隔月餘，發生的事故前後完全相同，但隨著大局的演變，南京的局勢已經完全不同了。

說起來，桂司令的器識和任事的熱忱，給筆者印象至深，當他一知道這件事，馬上親自登艦，曉諭大家當以國家歷史文物為重，但是想要那些捷足先登的人再撤讓，勢不可能。這實在也很值得同情，因為在時局危急的時候，每個人下意識都以逃命為第一，到台灣卻是大家唯一的生路，如果已上船的這些人，今天離開了〈崑崙艦〉，明天還有無別的機會逃生？是誰也無法預料的事。該艦底艙分前後兩處，前艙中除已有的某單位物資，所餘空間僅夠容納我們的箱子五百多件，後艙則全部被人們所占住了。桂司令親自到後艙巡視，只見滿艙堆放著舖蓋行李，男女老幼席地而臥，擠作一團，大家看著總司令來，以為是要他們離艦回家，婦孺們皆放聲大哭。此情此景，正是一幅淒絕活生的『流亡圖』。桂將軍眼見都是跟隨他多年的部屬，和這些部屬的親眷，一時為之黯然，便回顧艦長低聲說：『把艦上所有官兵臥艙開放，盡量容納吧！』此一瞬間，我忽然憶起了小時候閱讀的《三國演義》。在『諸葛亮火燒新野』之後，『劉玄德攜民渡江』時的心情。

由於桂司令『盡可能容納』的指示，我們古物終於登上了〈崑崙艦〉的甲板，也進了餐廳和醫務室，雖然艦上已經被堆得滿坑滿谷，可是終究無法容納下這全數兩千只箱子，等艦長宣布『終止』時，我們箱子還有一大堆被遺留在岸上。事後清點留下來的箱數，屬於中央圖書館的有若干箱，而故宮博物院被遺留下的則有七二八箱之多，只有中央博物院的一五〇箱全數上齊。

事後檢討原因，三機關的押運人員，各人照顧自己的箱子，指揮碼頭工人搬運，上船時本來無先後之分。但中央圖書館的箱子裝的是書，尤其是一部分西文書特別沉重，碼頭工人總是揀輕便的先搬，職是之故所以落後。該館派出的押運人員中，有一位凌先生對我說：一套叢書，分裝數箱，部分上了船，部分被留下。這件事怎麼好交待？他爲此引咎自責，放棄了來台的機會。這是位非常能幹又有責任感的年輕人，也是辦理此次遷運工作中最得力的一位伙伴。失去了他令人惋惜！至於故宮方面，因爲箱數多，自然無法上齊了。據該院的歐陽道達科長告訴我：這些被留下來絕大部分是文獻箱子。他是該院留守南京的主持人，他認爲箱子已經出了庫，辦過了移交手續，就應該沒有他的事了。因此他很激動的說：『如今留下這一大堆，還得我來收拾！』他親手開出了一張二萬元的收據，從我手上拿去這筆錢，做爲把留下的箱件運還朝天宮庫房的運費。」

對於〈崑崙艦〉航往台灣的過程，他說：「〈崑崙艦〉於三十日上午十時離開了下關碼頭，午後有消息傳來，說共軍游擊隊已抵京口附近，航行可能受阻。黃昏時候，果然聽到槍炮聲，艦上官兵沉著以待，總算是有驚無險，次日平安抵滬。先停靠在外灘碼頭三日，據說因機件有待修理，駛往高昌廟江南造船廠，拋錨在江心，上岸非常不便，害得滿船乘客，因困守在艙中，飲食具成問題。此時有部分押運人員，因爲不堪其苦，遂掉頭不顧離艦登岸而去。這一停又是七日；二月九日啓碇離滬，十一日抵定海，復停三日；十四日駛馬尾，再停七日；二十一日離馬尾，次日抵基隆。算來南京出發至基隆之日，足足走了二十四天。可能創下了這條航線上最長的時間紀錄。」

由此可知，執行故宮文物遷台任務時，局勢已經明顯不利於國府。

民國三十八年六月，時任教育部部長的杭立武在一份書面報告中開宗明義寫道：「竊自濟南戰事失利以後，中央爲妥謀保存文物起見，命職負責辦理故宮博物院、中央博物院、中央圖書館、北平圖書館等藏品搶運事宜，計先後運出最精之書畫玉器銅器磁器及善本書，共四千餘箱，安放台中。」說明故宮文物之所以遷台，爲蔣介石直接下令，杭立武負責執行。

然而，在形勢逆轉，人心叵測的戰爭年代，搶運故宮文物的過程確實處處艱險，時時危難，但終能化險爲夷，誠爲幸運。杭立武在記述遷運過程時，即以二件事例印證當年遷運之艱困。

首先，由於故宮文物遷運的時機，恰逢國共雙方和談，爲免影響和談氣氛，白天只在機關中做準備工作，實際裝運行動全部在入夜以後的時段；其次，中共地下黨斯時十分活躍，相關人員已經到達各博物院。杭立武指出，在挑選文物精品時尚少受到游離分子的干擾，這些人只是採取觀望的態度，或做點報告，通通消息而已。

從杭立武及故宮人員的回憶觀之，故宮文物遷台最大的阻力主要來自故宮內部幹部。例如，民國三十七年底，北平情勢漸趨緊急，杭立武力勸故宮博物院院長馬衡自北平南下，但馬衡於民國三十八年一月十四日回信說：「弟於十一月間患心臟動脈緊縮症，臥床兩週得尊電促弟南飛，實難從命，因電復當遵理事會決議辦理，計邀鑒諒。嗣賤恙漸痊，而北平戰起，承中央派機來接，而醫生誡勿乘機祇得謹遵醫囑，暫不離平，但事實上圍城戎馬倥傯，應付各方實亦疲於奔命，因於十二月十四日將午門、神武門及東、西華門等關閉，暫率員工作應變工作，上午在院辦公，下午各方奔走。最難應付者則爲經濟問題，本年經費固屬毫無消息，而所請應變費又復毫無著落。時值歲除人心浮動岌岌不可終日，幸在一個月前，購儲糧二萬斤，即以此發給員工警，以資年關之點綴，直至本月十日本年經費撥到，又得尊電，應變費核准六十萬元，至是始皆大歡喜然。非得先生奔走呼籲，則此項請求等於畫餅，因將此意昭告同人，莫不同深紉感，謹代表本院員工警等六百餘人向　先生敬致謝忱，並請以此意及不克南行之苦衷，轉達於王胡諸公爲感。

運台文物已有三批菁華大致移運，聞第一批書畫受雨淋濕者已達二十一箱，不急曬晾，即將毀滅，現在正由基隆運新竹，又由新竹運台中，既未獲有定所，則曬晾當然未即舉行，時間已逾二星期，不能不有損失，若再有移運箱件，則曬晾更將延期，竊恐愛護文物之初心，轉增損失之程度。前得分院來電謂三批即末批，聞之稍慰，今聞又將有四批，不知是否確實，弟所希望者，三批即末批，以後不再續運，至留存京庫者想不能盡量運清，擬與中博院存品庋藏一處，取同一步驟，敬請先生分神照顧。蓋森老在滬時須就醫，未必能常川駐京，應萬一之變也。叨在。知己故敢直陳未知　先生以爲然否歐陽邦華兄對保管文物有十餘年之經驗，赴湯蹈火在所不辭，先生如委以庫務，當可爲忠實之助手也，同舟共濟，幸先生以採納之。」

回顧故宮文物運台過程，類似馬衡這樣反對文物遷台的故宮官員不少，然而，不論反對與否，目的都爲了保護中華文物。

由於共軍隨時都可能攻台，台灣極可能受共軍飛機空襲之威脅，因此，故宮來台初期之理事談話會曾經談及在台中新建山洞工程，以防備遇空襲時能迅速將文物搬入防空洞，防止空襲時炸彈與砲火之波及。更甚者，由於若干故宮理事對國府能否有效控制台灣領空抱持幾分懷疑態度，建議不妨將故宮文物移往國外暫存，但是，畢竟故宮國寶屬於國家財產，將文物運送到國外，涉及了十分複雜之國際政治與產權問題，故宮理事談話會中囂囂擾擾，沒有結論，最後決議不予考慮。

抗戰時杭立武負責故宮遷蜀

早在民國二十六年，杭立武即負責擔任保護、遷運故宮文物的工作。

劉紹唐在〈民國人物小傳〉這篇紀念文章中寫道：「是時，『故宮博物院』（院長馬衡）南運文物集中存於南京分院之朝天宮庫房，杭立武向國防最高委員會秘書長張群（岳軍）建議將該院古物內遷，奉軍事委員會委員長蔣中正（介石）核可，並命杭立武秉承負責內運工作，於十九日內，分由水、陸兩路搶運古物一萬六千餘箱離京。」

是以，來台之後，孔子後裔的考試院院長孔德成在一篇追念杭立武事功的文章中說：

「民國廿六年……十一月首都南京告急。先生深憂故宮收藏之中華國寶，行將毀於日軍砲火，遂向最高當局建議將之盡速後運，乃啣命全力負責，水陸兼程疏運至川滇等地；然運輸工具因首都軍情緊急不易取得，先生排除萬難，以私人情誼商洽英輪，時敵人已搶劫南門，炮火已近北門碼頭，萬餘箱文物仍一一妥善搬運，先生從容殿後，方單身以繩索吊運上船。我數千年寶物方初步安全脫險。此項工作，直至廿八年四月始告結束。」

【清點國寶】

在故宮文物遷台及存放場地問題解決後，接著要面對的問題爲開箱清點，此一問題在政府遷台初期曾經招致廣泛關注。

民國三十九年一月十九日，杭立武上了一份簽呈給蔣介石，說包括原來的故宮博物院、中央博物院和中央圖書館等單位聯合設立了一個新單位，叫做「國立中央博物圖書院館聯合管理處」，由原單位的相關人員負統籌管理、清點、造冊及警衛工作，幾個月來，已經把全部運來台灣的文物清查造冊。

總裁鈞鑒：

謹肅呈者，前歲南京撤守，國立故宮博物院與中央博物院文物由兩院理事會推職負責，擇要運台。仰蒙　派艦護送，並經與國立中央、國立北平兩圖書館之運台善本圖書，一併借用台中糖廠倉庫存放，當以各機關文物精華須妥慎保管，曾於歷任教育部長談話會中提議組織聯合管理機構，經討論決定，並呈奉行政院會議通過，設立「國立中央博物圖書院館聯合管理處」，按原參加單位，分爲數組，每組均由各機關原派押運人員負責經管，僅添設一委員會，負統籌管理、清點、造冊及警衛之責。自聯管處成立數月以來，各項工作積極進行，已將全部在台文物清查造冊，並根據南京遷移報院冊核對。故宮、中博兩院精品且經陸續照相登記尺寸大小及其他特徵。茲將該處印製之歷代帝后像照片及字畫照片各檢呈一份，以供觀覽，敬祈賜察祇請

鈞安

職　杭立武（印）叩上一月十九日

杭立武上這份簽呈應是要向蔣介石匯報故宮國寶及各機關之重要檔案均已不辱使命，遷運台灣，而且，他似乎刻意想讓蔣介石開心，所以，還附上中央博物圖書院館聯合管理處刻意爲蔣介石印製的一份「歷代帝后像照片及字畫照片」，顯見杭立武除了會做事，也會做官，懂得討老人家的歡心。

斯時，以尋求經濟援助爲名，遠赴美國的蔣宋美齡亦於一月十三日乘專機經馬尼拉來台北。蔣介石、宋美齡夫婦闊別已經有一年三個月，此時大陸已全部易手，國府控制的區域僅存

台、澎、金、馬和浙東沿海若干孤島，軍用民食，乃至空軍戰機用的汽油僅存數月儲量，共產黨方面極可能乘勝追擊，渡海攻台，際此風聲鶴唳之時，兩夫妻相逢於台灣寶島，自是百感交集。杭立武獻上「歷代帝后像照片及字畫照片」，不無為蔣介石打氣的意味，蔣介石心領神會。

但是，故宮文物事務並不如此單純，另有一份簽呈接著送到總裁辦公室，引起蔣介石的注意。二月三日，行政院副院長朱家驊上簽報告說：

謹簽呈者，去年十二月初在蓉時，家驊略予面報文物運台後存放經過，奉諭：「多加注意」等因，竊查關於故宮博物院、中央博物院、北平圖書館、中央圖書館等存京之稀世文物，攸關我國文化，為中外所矚目，於三十七年十一月經行政院翁前院長文灝邀集在京兩院理事，會商保護，決定精選裝箱，盡量遷台，復經兩院理事會通過，並由職陳奉　鈞座核准，隨即由政院撥款派艦，教部協同妥運，彼時公推兩院理事李濟率領各院館押運人員負責保管。第一批文物起運後，職適交卸教部職務，繼聞先後三批約四千箱均妥運到台，嗣以局勢緊張，職雖備員於政院，因職權關係，未能有所照顧，惟對於文物既關係於國家榮譽及中外觀聽，此次僅一部分文物與人員來台，初意於遷台安置之後，宜及時憑全國知名之專家及學術界人士暨有關院部人員作一次公開清點，以明責任，而昭大信。至於故宮博物院原直隸於行政院，自翁前院長辭職後，理事長問題迄未解決，而兩院理事多半未能隨遷，現均不足法定人數，聞教育部於三十八年夏呈奉行政院核准，將遷台文物各院館及教育電化器材合併組織聯合管理處，並以故宮博物院改隸於教育部，仍保留兩院之理事會，但理事長及理事會問題一日未能解決，即對於文物管理無法會商進行。當三十八年夏，教育部約集歷任教育部長談話會時，提出（紅鉛筆附記：教部提議）將遷台文物機關，合組爲中央文化館時，（到會諸人）僉以此項文物與普通文教器材不同，而文物之鑒識，各有專門，如爲便利辦理事務，自可成立聯合辦事處，但文物保管仍以各自管理，責有專司爲是。乃教部（嗣後）呈請併設爲聯合管理處，實與（其原提之）中央文化館名異實同，又在聯合管理處之上，延聘當地士紳官員九人，組織一委員會，負責統籌管理、清點、造冊、警衛之責。職客冬在渝，雖就遷運經過及可資採納之意見提政院處理，直至遷台，始悉未經採用，並略聞教育部對此項文物管理之大概情形。在教育部雖屬勇於負責，視同一般文教器材聯合管理，但忽視其（文物）性質特殊，及關係中外觀聽責任之重大。復經（職）再（三）詳函行政院閻院長錫山、賈秘書長景德、教育部杭部長立武商榷，促其注意。職盡知盡言，至此（竟）無可匡助，惶慚無似。奉諭，前因。理合（謹）將遷台文物概況及職注意經過，并抄附有關函件。簽報，仰祈鑒核，無任企禱，謹呈

總裁　蔣

職　朱家驊（印）謹呈

民國三十九年二月三日

其內容主要有二。其一，是直指文物保管機構的疊床架屋，錯綜複雜，不切實際；其二，是建議在有外人見證下，進行故宮文物之鑑別、清點作業，以免遭人物議。因爲，各機構日常性的內部清點，在無外人見證、專家鑑別的情況下自行開封、包裝，不足以取得社會信賴，很容易招致外界閒言閒語，人言可畏，不可不慎。值得注意的是，朱家驊在上書蔣介石之前先後寫了九封信給相關官員，疾呼清點及維護文物之重要性，在未獲得相關人等積極回應的情況下，決定上書蔣介石，表達此事之嚴重性。

黃少谷、張其昀因此建議「運台古物，爲國家之珍寶，管理庋藏，允宜愼重，朱副院長從事文教有年，熟諳掌故所陳意見，應予重視。且照來文語氣，教部之措置，已引起各方之疑慮。擬代電閻院長對延聘專家從速展開清點，校驗裝藏，以昭大信，及各項管理事宜，並應保管機構與辦法各點斟酌至善，以和事功重國器。」蔣介石交代把這份報告交給行政院院長閻錫山看看。

行政院閻院長勛鑒：

奉總裁交下朱副院長騮先同志二月三日簽呈報告故宮博物院、中央博物院、北平圖書館、中央圖書館等存京稀世文物遷台概況及其注意經過情形，附有關遷台文物處理五批九件。總裁之意運台古物爲國家之珍寶，管理度藏允宜愼重；囑請貴院對延聘專家、清點、核驗、裝藏及保管機構與辦法各點斟酌至善，以重國器，用特抄附原電，請察照辦理爲荷。

朱家驊上簽蔣介石一事，緣於民國三十八年十月，教育部呈文行政院請撥經費建築台中倉庫，以策文物安全，行政院乃令教育部呈報兩院文物遷運情形，教育部即於十一月十一日將國立中央博物圖書院館聯合管理處成立經過及其工作情形報陳呈行政院，說：

查國立中央博物圖書院館聯合管理處在台中市郊建築倉庫一案，業經本部呈請核撥經費在案，謹再將該處成立經過及其工作情形報陳如次：上年十一月間，時局緊張，故宮、中博兩院理事以南京有作戰場可能，須選擇兩院文物精品運出。曾由翁文灝先生在其南京住宅召集一談話會，到會者有朱家驊、王世杰、傅斯年、徐鴻賓、李濟諸先生，當經推定立武負責，定第一次選擇精品六百箱運台。嗣後，再經兩院理事商量，以當時南京情形尚不過於緊張，除原運六百箱外，又運三千二百箱，故宮、中博兩院共三千八百箱。此外有中央圖書館及北平圖書館之善本圖書，中央研究院歷史語言研究所考古組之文物、外交部之條約檔案，由六機關共同組織疏運委員會，辦理其事，計共運三批，每次運後，故宮、中博兩院均呈報遷運文物清冊，故宮方面，連行政院中央方面，報由本部轉報。

文物運台後，中央研究院部分存於台灣大學，外交部之檔案自行取去。惟故宮、中博兩院，中央、北平兩圖書館之文物圖書仍集中一處，存於台中。本年五月間，立武掌教部，由上海搶運中華教育電影製片廠之電教器材到台，亦運存台中倉庫，當以各機關文物精華須妥慎保管，並於歷任教育部長談話會中提議組織聯合管理機構，經討論決定修正名稱爲國立中央博物圖書院館聯合管理處，當將決定辦法請示何前院長，認爲聯合管理機構緊縮甚爲嘉評，提經院會決議成立，并決定將故宮博物院改隸本部。

院館聯合管理處成立後，按參加機構分爲四組。一爲故宮博物組、二爲中央博物組、三爲中央圖書組、四爲教育電影組。北平圖書館部分，以存入圖書不多，不另設組，委託中央博物組代爲保管，每組人員均係各機關原派負責押運人員，僅添設一委員會，負統籌管理、清點造冊及警衛之責。

聯管處成立七月以來，工作已上軌道，全部在台文物已造冊齊全，并根據南京遷移報院冊核對。故宮、中博兩院精品且經照相登記尺寸、大小及其他特徵，倉庫開放均有一定手續，除白日有人照管外，夜間并有巡邏人員，以昭愼重，中博在台理事王世杰先生經常負責照料，并予監督。近共匪猖獗，台灣有受空襲可能，立武十月到台，經約集故宮、中博兩院在台理事吳稚暉、王世杰、傅斯年、張道藩諸先生商談，并邀請陳雪屏廳長列席，僉以倉庫設在台中糖廠，目標太大，二次世界大戰，糖廠即曾遭受空襲，宜於台中市郊另建倉庫以策安全。經吳、王、傅、張四理事親筆簽名致函鈞長，提及此事重要，請予迅速撥款以利興建。

關於倉庫建築，當時計算需銀元十五萬元，按一與三比率合台幣四十五萬元。近台省物價上漲，原定數額已覺太緊，如再遽延，將益感困難，且事關文物安全，亦宜從早興建，不能再緩，務懇根據本部前呈，及各理事函，請賜予早日撥發，不勝企禱之至，謹呈

由於行政院兩令教育部呈報兩院文物遷運情形，未據遵行，故再辦令稿催辦，十一月十五日，朱家驊即在該令稿上詳批，說：

查此稿係教部呈稱，故宮博物院、中央圖書館等五單位遷台，其餘未列舉之二單位，不知所指爲何。查該三機構之移台，係於去年十一月初經翁前院長召集王世杰、傅斯年、李濟、杭立武與本人，在其南京住宅會商決定，繼復經兩院理事會分別通過，並經奉　蔣總統核准，又由本院特撥專款，並派兵艦於十二月間護送運台。上列三機構當時僅擇一部分古物圖書搬運，同船運往者尚有國立中央研究院、歷史語言研究所考古組之文物，此組所自有人負責，不在上列單位之內，其他如國立邊疆文化館，聞僅由該館館長攜出印信，並無任何公物，至國立編譯館之人員與公物均未運出，據聞已在台重行成立，所謂五單位併設聯合管理處一節，則其餘二單位不知究竟爲何。憶教部於本年五、六月間曾約歷任教育部長談話（當時該部稱爲「歷任教育部長會議」），並曾提出將上列各機構合併在台設立中央文化館之擬議。當時參加談話諸人認

爲故宮博物院係直隸政院機構，設有理事會，其遷出文物在各單位中爲最多，質亦最精，中央博物院雖直隸教部，亦有理事會之組織，唯有中央圖書館爲純粹教部直隸機構，邊疆文化館僅有館長與印信，國立編譯館即人員、圖書、檔案與印信亦未遷出。且上列三機構主管人雖未赴台，各曾指定專人負責隨同運台保管，如另設新機構共同管理，反使責任不清，所以衆意責成仍由原經手負責人分別保管，不主聯合管理。而教部當時以爲單位既多，領取經費益增困難，故諸人同意在不另派人員之原則下，各單位經費分開，可設一聯合辦事處，互相聯繫。同時有人並提及即以前中央博物院籌備主任李濟負責，僉均贊同，教部亦經同意，即作此決定。而今改爲聯合保管處，轉使三機構負責人之責任不清，且失談話原意，何況故宮博物院直屬本院，何可由教部予以聯合管理。又查遷台文物均經一再選擇，多係國寶，尤其故宮博物院自民國十三年冬接收之日開始，無論清點、整理、陳列、移動、保管等等，一切公開，萬分愼重周密，均有明文規定，按照一定程序辦理，尚有常爲外間所不諒解者。中央因特別重視國寶關係，故該院向來直隸本院，並特別設有理事會，負直接監督、指導之責，且在習慣上向由政院院長爲該會理事長。雖在宋內閣期間一度劃規教部，但自張內閣起仍歸政院直隸，且仍以院長爲理事長，翁內閣於辭職未准前，翁前院長函理事會堅辭，當經理事會決議慰留，此後理事會即未能開會，本人鑒於此事重大，在何內閣期間曾將理事會情形面告，當時何院長，伊亦甚爲注意，以爲當已有適當之處置。至中央博物院，除本身十餘年籌備以來所搜集各種寶貴資料外，並接收內政部移交之前北平古物陳列所全部文物（即熱河行宮之文物），亦極重要，且亦有專設之理事會，而理事長王世杰現在台灣，中央圖書館館長蔣復璁在南京事變前應聯合國之聘出國，而該館運出之孤本、善本圖書亦爲重要之國寶，該館館長現已返國，聞寓香港。此三機構一則本屬本院，其二雖不直屬而本院，對於國寶、文獻應負之責實極重大。遷台將近一年，何以院中迄猶未見詳細報告，且似亦不明眞相，實堪驚訝。應即飭部詳報，並將該三機構責任仍應分明外，尤其因故宮博物院直轄本院關係，一面本院應組一臨時清點委員會，將該三機構所有移台文物一併認眞清點，以符過去鄭重保管之傳統。可電聘前中央博物院籌備主任兩院理事李濟、中央研究院研究員考古專家董作賓、前教育部次長現本院顧問田培林、前代教育部長現台灣教育廳長陳雪屏、教育部首席參事劉英士（五人均在台）從速組織清點委員會。以李濟爲主任委員（嗣又條諭加聘史學專家姚從吾、兩院理事張道藩爲委員）親至台中，以極嚴密與公開方法清點，並將一切保管情形詳細具報，以示政府重視古物之至意，並先由院先發新台幣壹萬元，以供該委員會之用爲要。

朱家驊　三十八年十一月十五日

閻錫山乃批示：「主管部既有意見，可電請王理事長世杰，及傅常務理事斯年，徵詢意見。」十二月三日，王世杰、傅斯年復電，謂在台古物之保存，目前最急之事爲在郊外適當安全地點建築費用不大之倉庫，至於清點工作，現有倉庫設備尚不能容許大規模的辦理，似尚可稍緩再議。

十二月十六日，教育部再向行政院報告，辦理國立中央博物圖書院館聯合管理處情形，說：

竊查去歲十一月間，南京情勢緊張，曾奉院令將國立北平故宮博物院及國立中央博物院籌備處所保管遴選精華遷運台灣，當經遵照積極籌備。另有中央研究院歷史語言研究所、中央圖書館、北平圖書館及外交部等四機構，加入辦理，合組六機關聯合辦事處，分三批先後起運來台，總計故宮博物院運台箱數爲二千九百七十二箱，中央博物院運台箱數爲八百五十二箱。所有各批移運均經該兩理事會通過，并經迭次連同箱號、清冊呈報有案，以上六機關於文物運抵台灣以後，除中央研究院歷史語言研究所及外交部均另有負責保管外，其餘四機關文物均運抵台中糖廠倉庫內貯存，嗣後又有中華教育電影製片廠由滬遷運電教器材一批運抵台中本部。爲適應戰時環境，節省人力、物力起見，曾提請本部舉行之歷任教育部長談話會，討論通過，成立一聯合保管機構加強保管，復經面呈何前院長核准，提請卅八年六月三日行政院第六十五次會議通過，將以故宮博物院、中央博物院、中央圖書館、北平圖書館及中華教育電影製片廠五機關合併組織聯合機構，定名爲「國立中央博物圖書院館聯合管理處」。故宮博物院及中央博物院理事會仍行存在故宮博物院，并改隸教育部，等因遵經組織成立分組，負責各組辦事人員仍爲來台押運人員對於文物檢查、曬晾、編目、造冊，以及經常之防蟲、防潮等工作仍照在辦，繼續進行，文物攝影亦經開始工作，并於卡片詳細記載其狀況、尺寸等，工作從未間斷。所有工作情形并經在台舉行兩院理事聯合談話會詳細報告，茲據該管理處報告略稱「本處各組保管文物清冊，故宮博物及中央博物兩組已編繕、油印竣事，中央圖書組及電化教育組清冊亦已編竣，正在趕印，短期可以完成，茲先將故宮博物組印就之國立北平故宮博物院移台文物品名及件數清冊一份、移台文物經過及保存概況一份及中央博物組印就之國立中央博物院籌備處移台文物品及件數清冊一份、工作摘要報告一份，一併寄呈鑒核，分別存轉」等情，據此理合將該項清冊及報告等各一份，轉呈鑒核。本部并擬召集兩院理事會，推派人員隨時抽查，以昭愼重，理合將辦理情形備文報請鑒核。

只是，朱家驊關懷文物，乃於民國三十九年一月六日致函行政院院長閻錫山、行政院秘書長賈景德和教育部部長杭立武等。

百川先生賜鑒：

弟備副中樞忽忽七月，先生盡瘁國事，夙夜憂勤，致未能常承教益，愧少建言，雖經常到院備供諮詢，惟除參與政務會議外，對院務向未目。祇以景欽 先生黨國耆宿，且受命於危難之際，苟有見聞，是以影響於本院職責或先生清望者，無不經心愛護，知無不言，言無不盡，竭誠奉陳俾供 裁度，諒荷 明察。

去歲在渝，於十一月間偶閱及有關故宮博物院、中央圖書館、中央博物院籌備處等機關運台文物一案，始知歷時經年，本院猶未詳細報告，似亦不明眞相。此等重大之事，竟疏置如斯之久，無任驚訝。此項古物不僅攸關國家之榮譽，抑且爲我民族數千年文化之結晶，曩年在平之故宮古物保管，曾數遭物議，騰譏中外，以致是非莫辯，前車可鑒。但該院自接收、成立以來，一向手續極度嚴密，一切公開，其理事會則直隸於本院，繼則設立中央博物院籌備處，雖隸屬於教育部，以其珍藏國寶之性質與故宮博物院相同，並非一般文教行政機關可比，故亦有理事會之組織，超然於教育行政之外。事實上，歷年行政院長引爲己責，實董司其事也。抗戰期間，疏運、珍護備至。三十七年冬，共匪稱亂，軍事接近京畿，在破壞暴亂之中，彌感保護、珍藏之不易，翁前院長於百忙之中，召約王世杰、傅斯年、李濟、杭立武諸先生與弟，在其所會商，復經兩院理事會分別通過，精選最珍貴之國家文化寶藏，準備待運，并經陳奉 蔣總統核准，由本院特撥專款，指派兵艦護送赴台，如斯鄭重與愛護，益感責任之實深重大。況弟畢生服務於文化教育事業三十餘年，斯時在教育部任內，又爲兩院理事，今復從 先生輔負政院責任，而董司其事者，多爲弟多年道義友好，於公於私，對國家，對社會，均不能不關切於懷，對於辦事人員肩負責任之重大，如何保護其避免浮言，尤爲我人應盡之義務。是以，曾於去年十一月十五日將經過詳情詳批交院，備承辦同仁知其顛末與性質之重要，有所循辦，復一再與煜如、炯聲二兄述其重要及列舉有關重要人士，備供院聘，以資公開清點之意見，一再敦促轉陳　先生早日採納施行，復數詢聲兄，據謂已照弟意處理，度均獲察。及逮到台灣後，始知迄仍擱置，惶惑何以，此項文物存貯於台中糖廠倉庫，本已因陋就簡，來台人員無多，專家甚少，苟有疏失，何對國人，更何以自處。客夏教育部邀約歷任教育部長談話會時，雖曾討論及此，亦僅就在台主管各單位之事務便利一點，以爲可成立一聯合辦事機構，但主持者人選仍屬意於當時率領遷台負責人李濟先生擔任，並非即此合併各特殊之文教機關，代司其保管職責，期能在台就近主司其事，予以陸續啓視有無損傷，鑒證清點，公示國人，以昭大信，嚴愼保管，加意珍藏，以防毀損。弟祇就事論事，所以愛護本院及有關同仁，既已疏稽在前，誠恐再失職於後也。

去年本院核准教育部之建議及已改轄故宮博物院於教部一節，弟未有所聞，然其職務與責任，當時教部召開之歷任教長談話會之決定顯有不同。教育部雖勇於負責，但此事重大，則本院亦責無旁貸，且在行政責任上固爲教育部之責任，又何嘗非本院之責任。況文物鑒別、清點必屬之於專家，今遷台年餘，院中尚不知其詳，既不加清點，亦未實地勘察，既謂可以派員抽查，似無不能陸續啓視、清點之理。今中樞既已遷台，政治漸循正軌，敢請　亮察，就弟前後致煜如兄之有關敘述審衡酌裁，至於此次由渝運台之周代銅器、甲骨等，應一併清點。中央圖書館隨遷之善本、孤版、有關文獻之書籍，性質亦同樣重要。但中華電影製片廠等僅係普通業務，實與博物保管無關，自可由教部另行處理，不應與故宮博物院、中央博物院混爲一體也。弟曾參與其事，素知較詳，而愛護本院與先生及有關同仁之心出於至誠，是以不能不言，言亦不敢不盡，然責任不可不明，心所知懼，專此鄭重聲明，維祈亮察，乃幸耑奉祇頌

政祺

朱家驊謹啓

朱家驊信中所言「曩年在平之故宮古物保管，曾數遭物議，騰譏中外，以致是非莫辯」，主要是指昔日北平「故宮博物院」發生的名噪一時的易培基盜寶冤案。本案發生於民國二十三年間，故宮博物院院長易培基被誣指涉及「盜賣故宮文物」罪名，不久即遭南京政府解職處分。

煜如先生勛鑒：

前奉上年十二月十七日惠書，藉悉處理關於運台古物之片段，並承示抄錄有關文卷，備弟參閱，感荷無似。弟從事教育文化工作垂三十餘年，復向列兩院理事之內，而三十七年冬古物開始遷台，適在弟長教部任內，職責所在，實不能恝置於懷，保存此項攸關國家榮譽及數千年

民族文化之結晶，歷來本院及院長莫不引爲己任，經心關切，愛護備至。去年本院核准教部建議及以故宮博物院改隸教部一節，弟未有所聞，而客夏教部召開之歷任教育部長談話會對於遷台文化機關處理事務之便利，決定權宜組設聯合辦事之機構與主持者人選，仍屬意於當時率領遷台負責人李濟之先生擔任。因各單位性質不同，並非主張聯合保管或聯合管理，且行政責任上因爲教部之責任，亦即本院之責任也。百川先生黨國耆宿，受命於危難之際，先生贊襄院務，勞瘁繁劇，而教部及故宮博物院中央博物院主持人士俱爲弟多年知好，弟復備員在院，責任與共，能不經心愛護，雖對院務除參加政務會議外，向未寓目，凡有見聞足以影響本院職責，無不竭誠盡言，俾供參證。既知遷台古物從未報院，兩次令詢亦未呈報，且眞相不明，已覺驚訝萬分，當在京倉卒精選起運之時，包裝簡陋，而在台又係暫借糖廠倉庫，本不適宜存放如此重要之文物，責任重大，莫可言宣，竟乃堆置經年，既未清點，亦未實地勘察，能不使弟詫異無似。彼時惟恐本院檔冊不全，弟復將詳細經過情形於三十八年十一月十五日批附文內，俾本院承辦同仁有所循指，並就在台有關重要人士堪任清點工作者列舉，備供延聘。弟經常到院即此事亦從未荷就商，嗣又將其中重要性面告先生，懇切喚起趕辦，繼炯聲兄一再告弟早已照弟意見處理。迨來台省始悉仍然擱置，至深惶惑，個人容有困難，惟責任所在，深願明瞭本院最近對此案進行實況，故又於十二月二十八日函請抄示有關文件，應達典籤，迄今尚未獲復，諒在台忙，鑒於以往在平故宮古物未能使社會盡釋群疑，致遭物議，空穴來風，人言可畏，前車之鑒，深引爲戒。故弟一向主張兩院文物必責諸原保管之專家嚴愼保管，而存放之後必須陸續啓視察看有無損傷，加意清點，處處公開，昭大信於國人，不僅減輕董司其事之責任，亦正所以愛護同仁，避免浮言，豈僅爲國寶公諸社會，慰中外之矚望而已也。弟就事論事，建庫儲藏，固甚重要，但既可抽查，豈有不可陸續清點之理。此兩者均屬重要，而並行不背也，不能不言，言亦不能不盡，苟鄙見未荷採納，文物遲遲不能清點，則責任不可不明。高明諒同一見地，除已另函百川院長外，耑專佈臆，藉代鄭重聲明，尚希台察是幸，耑奉順頌

公祺

弟朱家驊　三十九年一月六日

易培基盜寶案

易培基盜寶案，其實是一樁標準的冤案，易培基是民國初年著名的教育家，他生於清光緒六年（一八八〇年）二月，卒於民國二十六年九月。易培基是湖南長沙人，畢業于湖南方言學堂。學問淵博，精通經史、小學、金石文字之學。早年留學日本，加入同盟會，參加辛亥年武昌起義，之後任教於湖南高等師範學堂、長沙師範、湖南省立第一師範。毛澤東也是易培基的學生之一。易培基早歲致力於推行教育改革，廣泛吸收進步教員，並大力提倡男女同校。

民國八年，參加驅張（敬堯）運動，被推選為商學界代表。民國九年六月，被任命為省公署秘書長、兼教育學政委員會委員長、省立圖書館館長、湖南省立第一師範學校校長。民國九年十一月被迫辭去一師校長職務。民國十二年，曾任湘軍總司令部秘書長。民國十三年，擔任孫中山駐北京全權代表，後入黃郛內閣，任教育總長。民國十四年十月，北平「故宮博物院」成立，被推選擔任理事兼文物館館長。民國十五年三月，易培基因發動北京大、中學校學生和市民舉行反帝示威遊行，遭北洋政府通緝，避居東交民巷，後隱居長沙。民國十六年，國民黨南京政府成立後，歷任中央政治會議委員、農礦部部長、故宮博物院院長兼文物館館長等職。民國二十三年，涉入一樁經人刻意設計的故宮盜寶案中，蒙受冤屈，被迫辭去院長之職，移居天津，轉至上海法租界，晚年生活處境淒苦，民國二十六年九月，易培基病故，得年四十六歲。

易培基盜寶冤案爆發後，國府為平息謗議，於民國二十四年一月二十四日任命新院長馬衡擔任北平「故宮博物院」院長，並正式開始主持上海方面工作，他工作細緻，全面清點平、滬文物，並編印了「存滬文物點查清冊」。

立武吾兄大鑒：

關於故宮博物院、中央圖書館、中央博物院籌備處等機關之文物，愛護疏運及保管，吾兄現均主持其事，前年冬自京倉卒精選、簡裝來台，寄藏於台中糖廠倉庫，原非得已，往年在平保管故宮文物，曾以未能盡釋群疑，致遭物議，前車可鑒，深以爲戒。故中經一度劃歸教育部轄屬後，但不久弟仍請移還行政院，而以鑒別、保管屬於專家、公開昭信以免浮言。逮中央博物院之籌備雖隸屬於教部，但亦設理事會董司其事，超然於教育行政之外，弟從事於教育文化工作垂三十餘年，復列在兩院理事之內，鑒於楚人無罪、懷璧其罪，深懼空穴來風，人言可畏，對此攸關國家榮譽及數千年民族文化之寶，一向愛護重視，每於戰亂之中，力求其安全珍護爲國家保存此一點國粹，幸得倖全，故一向主張宜由原經手負責之人分別負責保管，並於疏運存放之後陸續清點，減免同人之責任，並以昭示於國人明瞭文物之實況，此種誠心夙爲吾兄所深知，並同一主張者也。乃去冬偶見有關遷台文物、公牘，始知尚堆存於倉庫，對國寶責任之重，中外人士矚目之殷，詎料稽延至今，與兄交好二十年，相知在心，而兩院負責同仁亦均多年共處，於公於私，均不能不關切愛護，對國家，對社會，亦不能不重視經心。故於去年十一月十五日就弟所知，詳批本案經過處理意見，俾能政院辦事人員有所依循，亦所以爲減輕同人之責任，莫善於清點工作之即早執行，而懍於責任之重大，則仍以依照客夏兄召集之談話會所決定者執行爲是也。現場簡陋，自以建庫爲重，但既可便於抽查，則工作似以陸續清點爲先，且啓視之後，對於整理、堆放，亦可免意外破損，兩者固可併行不背也。今者中樞遷台，政治漸循正軌，爲明責任，清點工作尤不宜再事稽延。此次由渝運台之新鄭出土之周代銅器及晚甲骨、陶器等，亦宜一併清點、鑒別、登記，至於中央圖書館之善本、孤版、有關文獻者，自屬同一重要，但如中華電影製片廠等之器物，本係普通業務，與博物館保管性質完全不倫，似宜另行處理。吾人從政可暫可久，但典守國家寶之機構宜力求其持恆久遠，弟既向參其事，責任所在，不能不言，言亦不能不盡，且以相知之深，不覺所言之切，苟不及時清點，誠恐物議浮言，心所知懼，用申鄙悃，藉作鄭重聲明，未知高見如何，尚希台察是幸，耑此順頌

公祺

朱家驊　三十九年一月六日

朱家驊希望能盡快開箱觀看文物有無損傷，向國人公開文物之情況，以昭大信，並能妥慎保管，加意珍藏，嚴防毀損之情事發生。而其所謂清點，是在專家公開監理之下，原箱開啓，由各單位執事者清點、登記、攝照，再由專家公開校驗裝藏，以昭告社會，謂疏運文物之責任告一段落，此後責任則屬於經常保管的範疇。

一月十九日，朱家驊又再致函閻錫山、賈景德、杭立武。

百川先生賜鑒：

頃奉本月十四日台（卅九）一五三號復示敬悉，關於處理故宮博物院等遷台文物一案，已

令教部切實注意辦理，並召開理事會詳爲商討，仰見　關懷國家數千年文化之精英，重視本院應負之責任，欽佩無似，同時接獲煜如先生及立武兄書。附錄三十八年十一月十一日十二月十六日教部呈院兩文，雖示未能盡窺全豹，亦可略見一斑，實使弟悚懼無似。

先生政務萬端，容未能詳察經過，茲就弟於文件中可鑒者略舉一二，爲　先生一陳。此類文物攸關我國數千年之文化，其價值超過其本身之物質，無可比儔，實與一般文教器材不同，是以爲中外之所矚目，益感責任之重大。以往兩博物院不僅設有理事會，延納全國性學術界人士及專家，而負責管理者，如徐鴻賓、李濟、董作賓諸先生，俱爲現在精鑒古物之專家，袁同禮、蔣復璁諸先生亦爲今日精審版本傑出之人才，所以有如許稀珍圖籍之保藏與收集，實非偶然。徐鴻賓君雖未隨遷，但李濟、董作賓先生久已到台，久任中央圖書館館長之蔣復璁先生現亦在港。前年遷運精選古物至台，原由翁前院長詠寬邀約在京兩院理事，倉卒議定陳報，蔣總統核准時間匆促，中外繫念。且古物與一般物資不同，物資可以點件、記數，缺者可補，而古物爲眞難辨，設有非難，百喙莫辭。前車之鑑，懷戒彌深，故減輕遷運之責任，莫善於原物、原形，是以弟一向主張，在遷台安置之後，無論對國家、對政府、對社會、對理事會，及對減輕同意遷運之理事暨負責押運保管之執事同仁之責任，必須校驗原箱、原物，公開清點，以昭大信，藉明責任，而絲毫不牽涉對人對事之信任問題，亦正所以保護董其事者，減輕其肩負鉅任，避免流言，苟不公開清點，責任何明。本院獎勵有功，對此，於國家重大保全之貢獻亦不應使其泯沒無聞，故清點之後，尤應考覈其成就，公平信賞，以勵來茲。此弟之三十八年十一月十五日批付本院承辦人員關於本案詳細經過及清點備聘之人選，意原在此，而所舉人選，均係從專家及教育學術界人士與院部可資司理其事之人中舉薦，以之會承在台理事之意旨，主辦公開清點之工作，再延聘監察、立法、司法三院推員參與自屬更爲周詳。案牘尚在，敢乞詳察，側聞主其事者之李濟先生，今冬以來，已不問事，至於現在保管人員固即原派押運人員，亦即各機關原有之執事，自屬信實可靠，但自行清點係屬本身應行之工作，惟不足以徵信於人，此所以與弟所主張之公開清點意義別。務希詳察，今者教部呈文，述及業在清點，而僅憑執事三人即行啓箱，雖繼之以清點、登記、攝影，再行入歲。但在遷運來台之後，尚未公開清點，僅憑執事三人啓箱，此三人是否同組，同精鑒別，開啓之時何人監驗？入藏之時何人校驗？均略而不詳，如此清點，何以杜攸攸之口，尤有進者，兩院及中央圖書館文物責任各在，均有專家專司，以往兩院并設理事會，延納全國性教育學術界同仁及專家公開監理。在此離亂之世，保藏對國家文化之精英，在在堪虞，負責如斯之重大，允宜就加強徵信於社會，用正中外之觀聽者，力求其健全，不僅清明吾人之責任，亦正所以保護執事者，避免無謂之疑難，乃不此之求，以此稀世之文物與電教器材物資等量齊觀。聯合管理復於聯合管理之上添設一委員會，僅側重於存放、辦事之便利，聘約地方行政官及當地士紳九人任統籌管理、清點造冊、警衛之責，而忽視其對國家之責任，中外之矚目，能不引爲遺憾？

去夏教部召約之歷任教部長談話會，教部曾有設置中央文化館之提議，意在併合此類同實異之數機關。彼時僉認爲古物與圖書固截然不同，而兩院各司亦責有專在，如爲辦事便利，亦僅可僅事務部分聯合辦理，今見教部呈文始悉係以聯合管理處呈院核准，事實與文化館實同名異，所有人員既無減縮，復於其上又增設一委員會，使責任更增錯綜複雜，以致院部及理事會與委員會聯管處暨原來各機構之責任與關係無法認定，此項錯誤關係不明，恐理事亦無由檢討，何況故博改隸教部，則故博理事會是否改組？如不改組，其責任又如何？其理事長問題如何解決？因之理事長職務又如何代處？本院迄今尚未顧及，再以兩院理事多數未曾隨遷，如不依法補聘，何以能召集成會？責任不明，恐在台理事之遲疑者必不僅止弟一人而已也，以此處理如許重大責任之國家文化精英，誠使弟惶惑無似者矣！弟畢生貢獻於教育文化學術事業，今且備員在院，而與立武兄等相知逾二十年，加以本案遷運之始在弟將離部之時，無論於公於私，無不由衷愛護，誼既不能不問，然又覺欲問無從。由於關切之深，每不覺忠言之切，區區寸心，諒荷亮照，事實既明，應在　先生秉衡之中，尚希詳察、卓裁，設得稍承明教，感幸實甚，餘業已詳前陳，茲不再贅，耑此敬頌

勛祺

朱家驊頓首

煜如先生勛鑒：

奉讀本年一月十四日台（卅九）〇一六〇號還云，並承抄示三十八年十一月十一日及十二月十六日教部兩呈，雖未能盡窺全豹，亦可略見一斑，同時奉接百川先生復示及立武兄函，藉悉年來處理故宮博物院等遷台文物之大概輪廓，僅照一般物資存倉保管，罔顧此次遷運之責任重大及學術專家與中外之觀聽，能不使弟悚懼無似？弟以備員在院，輾轉隨遷，雖未能盡心照料，亦嘗每詢本院同仁，謂曾經兩次令詢，迄未獲復，且曾一度閱見令稿，是以弟深具有兩次令詢之印象。迨去冬偶見教部呈文，猶恐院內案牘不全，復於三十八年十一月十五日將經過情形及可資採擇之意見詳細批註，以備承辦人員有所循指。今讀惠書，曾勞轉詢，一無著落，個中實況，百思莫解，所示教部已注意清點、抽查，與鄙意相同一點，覈其方式，相差殊遠。弟之主張公開清點，因古物與一般物資不同，除記件、記數之外，貴在原物、原形古物眞僞難辨，爲對國家，對政府，對理事會及對負責押運之同仁分明責任，於遷抵台灣安置之後，莫善於公開清點，藉明責任，以昭大信。而教部之所謂清點，弟事前未有所聞，既未經理事會通過，更不知本院有未核准，且內部清點，亦僅係內部應辦之事，但不足以昭信國人，至於召集理事會一節，自故宮博物院改隸，其理事會是否改組，如不改組，其責任又如何？其理事長問題如何解決？則理事長之職務又如何代處？本院迄今尚未顧及，況兩院多數理事未曾隨遷，早已不足法定人數，如不依法補聘足額，何以召集成會，何況教部以五機構聯合管理，又不知於何時在聯管處之上添加一委員會，統籌管理、清點造冊、警衛之事務如斯錯綜複雜，致理事之責任難明，因是縱然召集理事會，則在台理事考慮及此者恐不僅弟一人已也。當起運之初，弟尚在將離教部之時，今復備員在院，且與立武兄等二十年相知，無論於公於私，誼難緘默，前申寸楮，諒未荷詳按，惟承示重視本院負監督、保管、維護責任之重大，誠國家之幸。茲將肅復百川院長一函副附請台察，備供先生運籌、匡襄之參考，尤盼將此次抄示教部兩呈後之本院批指令文惠抄送下，藉承明教，俾課本院暨百川院長與先生對本案之意旨，俾有知循，無任企禱，其餘業詳於前函，茲不再贅，諸希亮察，專此順頌

台祺

朱家驊　三十九年一月十九日

立武吾兄大鑒：

頃獲一月十二日還云，藉悉年來對於處理故宮、中央兩博物院及中央圖書館稀世文物之大概輪廓，弟因備位中樞，復以輾轉遷徙，未得盡心顧問，每一念及，一常詢政院同仁，俱以曾經兩次令詢，未據呈復爲詞，初未料文付洪喬，互不接洽，不禁使弟慰懼參半。吾兄之勇於負責，弟所素佩，此番辦理文物運輸在台接洽藏庫，貢獻於保全國粹者，辛勞足稱，惟於責任之重大，況與兄相知二十年，關懷之深，不覺建言之切也。當三十七年十一月詠霓先生邀約同仁

會談，保護此項文物精英之時，弟曾在座，而搶運之始，尚在弟將離教部之時，僅及期年，情猶在目。吾兄服務公職，政務繁忙，未能專一照顧，此項公物與弟及理事同仁處境正同也。然主辦督運與經常管理，實截然兩事，吾兄在京主持運輸，是以有今日如許文物之保全。而運台之後，經常管理，實寄託於負責率領押運文物赴台之兩院理事李濟先生，彼時俱以李先生畢生治學專攻考古，隨遷在台，且對兩院文物董理甚久，允稱適選，何況啓運之初，時間倉卒，主其事者爲詠霓先生，參與其事者爲在京兩院理事，復經弟陳明　蔣總統古物與一般物資不同，不僅在計件、點數之外，尤貴於原物、原形古物眞僞難辨，此所以執事者歷引爲戒者也。既經運台安置之後，爲對於國家，對於社會，對於主張遷運之理事，以及吾人之辦理遷運、保管執事人等之責任起見，必須立即公開清點，方可昭信於社會，方可減輕遷運過程之責任，弟視爲分析應爲，故屬意在此，應荷贊同。去年夏，兄台召約歷任教部長談話會，辱承諮詢以設置中央文化館之擬議，爲併合中央遷台文物各機構之權宜措施，終以此項攸關我國數千年文化之文物與一般文教器材性質不同，關係太大，爲明責有專司，自以各自管理爲是。而對於處理日常事務不妨合設聯合辦事處，稍資便利，而主任其事者，固仍屬望於李濟先生。嗣始悉兄提議行政院，並呈奉政院核准併設五機構聯合管理處，事先是否與知，弟不復記憶，愧無印象，惟在弟想像中，實愧無印象。談話會之決定，固不必視爲有不可變之約束，而將類似機構合併，在行政上未始非簡化之途，惟此項文物既與一般價值昂貴之文教器材性質不同，但文物聯合管理與事務聯合辦理差別尤大。在今日我國對於古物之鑒別，如徐鴻賓、李濟、董作賓先生等，能有幾人，徐鴻賓先生雖未隨遷，但李濟、董作賓先生久已到台，且李濟先生又爲當時決定督運來台與在台主持其事之人，久任中央圖書館長蔣復璁先生，現亦在港。弟所主張清點者，在專家公開監理之下原箱開啓，由各單位執事者清點、登記、攝照，再由專家公開校驗、裝藏，意在對同仁辦事此項之謹愼負責將事示信於社會，藉明愛護疏運文物之責任告一段落，此後責任則屬於經常保管。至於今日在職人員，弟亦係知各機構原派押運人員誠實可靠，然本身清點，祇是各機構本身日常職務，似不足示信於人，何況尚未公開清點表明責任之前，在搬遷後之特殊情形下，僅憑三人見證，即行啓箱，而三人是否同屬一組，同精鑒，啓箱之時何人監驗，再裝箱時何人校驗，未荷明示，手續似簡，責似不明。雖繼之以登記尺寸、特徵，攝影未譌，能徵信於社會乎，能保護同仁避免疑難乎。思念及此，不禁代爲關切也。關於故宮博物院改隸於教部，而兩院理事會仍然存在一節，故博理事本對政院負責者，去夏既經改隸，理事會應否改組，如不改組，其責任又如何，理事長問題如何解決，理事長之職務如何代處，似均未顧及，何況兩院理事未盡隨遷，如不依法補聘，何能召集成會。至於在台理事邀約談話，隨可舉行，固不待擇地建屋之後也，惟所應考慮者，在如此改隸及不健全情況下，使在台理事應如何責任，尚有待兄衡量，此諒不僅爲弟所不能不鄭重考慮者矣。近從文件之中略悉五機構分組各司，意似各專其事，乃又添設一委員會負統籌管理、清點、造冊及警衛之責，似與文化館名異實同。而委員九人似又側重在存放、警衛之方便，僅延聘地方行政官及當地士紳，由是以觀，以之統籌辦事與安全種種自無不可，以之統籌管理與清點絕對專門性之國家稀世文物似未盡可也，此事責任太重，關係太大，故不得不請於徵信於全國教育文化、學術界人士及中外觀聽三致意焉，況各機構執事之負責分際及各機構執事與委員會，間兩院執事與理事會間委員會與理事會間故博理事會與政院及教部間之各方責任關係，均未荷詳示，是以在求簡化之要求中，益覺責任錯綜，此在弟之不因責任關係之錯綜益感責任之難明，此在弟之不能不引爲畏懼也。大函提示河南古物部份運出僅三十八箱，而李敬先生尚親參加委員會，共同負責，豫省人士組織監理委員會，全力愛護，復推薦張克明君保管，以專責成，其衛護文化結晶如斯鄭重，迴環頌讀，誠使弟無任慚悚，中心恐懼者矣。勘地建庫，自是糖倉不盡適宜，而兄已監理開啓清點四百餘箱，自無不能清點因素。兩者在進行之中，如何減輕此次董司遷運同仁之責任一點，諒在鄭重考慮之中，同仁幸甚。至於定期召約兩院理事會一節，已詳上述，弟仍望先明瞭院部對於在台理事之職責及各機構與委員會、兩院理事會暨院部間之相互責任關係後，再作研究。但候明教，餘業詳於前函，不再贅敘，諸希台察，乃荷，耑此順頌

公祺

朱家驊　三十九一月十九日

杭立武爲此先跟朱家驊晤談，說明處理故宮博物院等事項各端，一月二十三日，朱家驊再寫了封信給杭立武。

立武吾兄大鑒：

日昨晤談，聆悉兄處理故宮博物院等事項各端，具見熱心負責佩慰無似，相知相深以關懷之切，不覺言之數也。丁茲離亂季世，自以保護文物使之安全爲吾人應盡之責任，但兩院既有理事會之設置，苟非萬不得已，總以先向理事會建議取決爲是，至少亦應先徵得所在地理事同意。當戰亂南移，時匆勢迫，翁前院長尚於政務萬機之中，召集在京理事商決疏運，亦爲兄所素譫者也。故宮博物院之改隸祇有政院可以直接提議，或經理事會決議向院會建議，似無由部代庖，此等改隸牽涉理事會之存在與改組，關係何等重大，在兄提院會之前，似應先與在穗理事及弟等一商，且政院會議議決事項，有其時間性，時過境遷，固非一程莫變者。至於兄約集歷任教部長談話會會商決定雖無約束性，但教部既引據其決定執行，而又須變更其內容、範圍時似可再作商酌。且無論屬於事務之聯合辦理或文物之聯合管理，惟既牽涉兩院組織與事權，自以先經過兩院理事決定爲是，否則將置兩院理事會與教部於如何關係。尚希致意，兩次集會提請濟之先生主持其事者，且兄均在場，俱非弟所提舉，但彼時實爲眾所贊同，苟兄事後另有意見，似亦應使弟等先有所知。吾人相處以誠，亦應就所知者推誠規助，方盡友直友諒之誼，

此弟之不覺爲兄一再述懷，知我責我，尚希台察，順頌

公祺

朱家驊　三十九年一月二十三日

當天下午四時，「國立故宮博物院國立中央博物院兩院理事談話會」也在行政院舉行，出席的有傅斯年、王世杰、馬超俊、蔣夢麟、張道藩、杭立武、葉尙志、倪炯聲（林賢爵代），列席的有談旦冏、熊國藻、那志良、莊尙嚴。

首先由杭立武報告，他說：「前年十一月間，徐蚌不守，故宮、中博兩院理事以南京有作戰場可能，文物安全頗爲可慮，因有選擇精品運出之議。曾由故宮翁理事長詠霓先生在其南京住宅召集一談話會，到會者有朱騮先、王雪艇、傅孟眞、徐森玉、李濟之諸理事及立武。當經決定第一次選運精品以六百箱爲範圍運台，嗣後再經兩院理事會商，又陸續運出三千餘箱，計故宮共運出二千九百七十二箱，中博共運出八百五十二箱，合計三千八百二十四箱，此外有中央圖書館及北平圖書館之善本圖書、外交部之條約檔案，亦隨同分三批運台。每批運後，故宮、中博兩院均呈報遷運文物清冊，故宮方面逕行報院，中博方面報由本部轉報，均有院令備案。

文物運台後，外交部之檔案，自行取去，惟故宮、中博兩院，中央、北平兩圖書館之文

物、圖書，仍集中一處存於台中。去年五月間，教部由上海搶運中華教育電影製片廠之電教器材數百箱到台，亦暫存台中倉庫，當以此項文物精華須妥慎保管，又各機關分立，殊不經濟，爰提經院會決議，合併爲國立中央博物圖書院館聯合管理處，並將故宮博物院改隸本部。

院館聯合管理處成立後，按參加機構分爲四組，一爲故宮博物組，二爲中央博物組，三爲中央圖書館，四爲教育電影組（將來擬遷台北與台電合作）。北平圖書館部分，以存入圖書不多，不另設組，委託中央博物組代爲保管，每組人員均係各機關原派負責押運人員，僅添設一委員會，負統籌管理、清點造冊及警衛之責，至最近由川運來河南文物卅八箱寄存該處，則已另派專人保管。

聯管處成立數月以來，工作已上軌道，全部在台文物已造冊齊全，並根據南京遷移呈報原冊核對故宮、中博兩院精品，且經陸續照相登記，緣兩院文物原係經常檢查，到台後仍照常進行，已開之箱均加放大量新樟腦丸入內，箱舛壞者則予以更換，開庫開箱手續均照以往成規辦理。其他詳細情形另由故宮、中博兩組分別報告，尚有有關策劃文物安全提案另請討論。」

接著進行討論事項。首先就「改組故宮博物院及中央博物院理事會，補充理事，加強組織」討論，決議兩院在台理事人數甚少，不便行使職權，建議政府爲應目前需要，組兩院共同理事會，代行兩理事會職權並董事中央、北平兩圖書館存台圖書。除兩院原有在台及其他自由區域理事仍可繼續外，可酌加聘理事若干人，以加強組織，並建議東南行政長官陳誠、台灣省主席吳國楨、台灣省參議會議長黃朝琴、台灣省教育廳長陳雪屏、台灣省民政廳長楊肇嘉、台中市市長陳宗熙、李敬齋、孔德成、李錫恩、董作賓等人選供政府考慮；而「組織清點委員會清點聯管處所存故宮博物院及中央博物院等機關文物案」則議決經常清點工仍照舊進行，通盤清點俟共同理事會成立後討論；「關於聯管處倉庫建築宜如何設計進行以期格外安全案」議決交台灣工公司承辦。

臨時動議則有「教育部電教器材是否應全部分地貯存案」，議決教育部電教器材中有引火危險者應即移出，另行存放，與文物倉庫隔離（據管理處報告十六厘教育影片並不引火且係另存）；「在台理事定期赴台中視察案」議決定二月四日（星期六）乘上午八時半快車赴台中視察；「爲策文物安全可否開鑿山洞或運存國外案」議決山洞工程浩大曠日持久，且恐潮濕，至運存國外問題複雜，均不予以考慮。

杭立武乃於二月一日、二月二日接連寫信給朱家驊，邀他於二月四日一起到台中視察實地了解文物儲存之現況，朱家驊因此於二月二日回信杭立武。

立武吾兄大鑒：

頃獲二月一日及二日兩書，藉悉邀於四日同赴台中一視。弟與兄等共事二十年，豈有互信不誠之理，所以迭函率直布懷者，首重在文物遷置之後宜如何公開清點，示信於國人而已。蓋因吾人受國家付與司理此類文物之寄託及關切愛護執事同人負責之重大，既相處以誠，不能見而不言，但非有所懷疑也。至於故博理事長及理事問題，亦祇從法律觀點而言，倘於法無據，即屬責任不明，責任不明，更何以徵信，此二點似均未荷亮察，無任悵惘，以往手續既未盡善，正應補苴於現在，不此之求，夫復何言。承惠示擬以一日之時間開箱檢查，按此項文物爲稀世之精英，鑒識屬於專門，數達四千箱之鉅，而原監裝箱之李濟、蔣復璁先生等有未參與，未荷言及，且僅一日之時間，而欲開箱檢查，似不可能，詎可示信於社會乎。弟愛護執事同仁，惟恐不周，毫無懷疑之念，畢生履誠踐實，因是未能如命，歉甚歉甚，專復布悃，餘詳前函，茲不複贅，順頌

台祺

朱家驊　三十九年二月二日

由於朱家驊上書蔣介石的緣故，故宮文物的清點查驗工作引起他的高度關切，交代所屬妥予處理。

三月一日，行政院覆文國民黨總裁辦公室，呈報處理遷台文物經過詳情，說：

總裁辦公室勛鑒（卅九）：

丑哿和迺代電暨附件均敬悉。查主管部處理故宮、中博兩院等遷台文物情形，前經朱騮先先生函詢到院，業經本院秘書處以卅九（一）字第六一一號函復有案，茲將處理此案經過詳情分列如後：（一）據教育部報告，故宮博物院、中央博物院、中央圖書館、北平圖書館等機關文物運台仍由各該機關原派押運人員負責保管，經常清點工作仍照舊進行；（二）前朱騮先先生建議聘李濟、董作賓、田培林、陳雪屏、劉英士、姚從吾、張道藩諸先生組織清點委員會，以李濟爲主任委員，并先由院撥發新台幣壹萬元，經由院電詢王理事長世杰及傅常務理事斯年意見，復電謂：『在台文物之保存，目前最急之事爲在郊外適當安全地點建築需費不大之倉庫，至於清點工作，現有倉庫設備尚不能容許大規模之辦理，似尚可稍緩再議』；（三）本年元月廿三日，故宮中博兩院在台理事談話會，教育部提請組織清點委員會，討論結果，決定經常清點工作仍照舊進行，通盤清點俟理事會改組後討論；（四）本年二月四日，故宮、中博兩院在台理事根據談話會決定，往台中視察文物保管情形，本院同時亦派員前往視察，旋據報告視察情形尚屬良好；（五）爲策文物安全，近已經本院核准撥款，由聯管處於台中市郊之北溝自行建築，工程業已訂約，開始進行，預定於本年四月十日前完成，屆時即將所有文物遷移保管。茲特抄同有關文件電請查照轉陳爲荷。行政院寅東一內印抄附教育部，三十八年十一月及十二月呈院文兩院理事談話會記錄及視察報告本院秘書處卅九（一）字第六一一號箋函及本院冉參事視察報告各一件。

另於三月三日呈閱蔣夢麟和行政院院參事冉鵬等於，二月四日到台中視察文物保管情形的報告。

視察報告

夢麟等依一月廿三日國立中央博物院及故宮博物院臨時聯合理事談話會商議，約集在台各理事，赴台中市視察古物及圖籍保管情形，經於二月四日上午八時半自台北出發，當日上午十二時卅分到達台中，隨即於是日下午二時半至台中糖廠倉庫，視察古物及及圖籍保管情形。該庫置於市區，台中糖廠附近，基屋為洋灰地，上舖木板，内甚為乾燥、整潔，查閱庫内，業已開箱之瓷器、字畫及圖書各一箱，尚無蟲蝕、潮濕、殘缺等現象。而開箱檢驗、吹風、攝影、包裝及封箱等，仍沿用歷來之遺規舊制辦理，其開箱原因、時間及參加人員等均有完整記錄可查，保管情形大致亦屬良好。惟該庫地處市區，且毘鄰工廠，目標甚大，空襲堪虞，實有自行建築倉庫及辦公地址之必要。故於視察完畢後，旋即聯袂驅車至距台中市約八公里之北溝，新庫之址查勘，地位於山麓三面環山，地勢高曠，鄰近村舍甚少，且有小火車可達台中，交通亦便，地點至為適宜建築計畫，復經上次聯合理事談話會核議通過，自應依照原計畫從速興建，俾早觀成。夢麟等視察後，認為亟待辦理及注意者，數事臚列如後。

查庫內保管之古物圖籍共達三千八百箱之多，皆國家文物精華之最，案當時主持遷運及現在負責保管之理事及職員實已盡最大努力，方能有此成績，似應由會查明姓名，報請行政院傳令加獎。

新庫應即剋日興建，並應於四月十日前規定期限內完成。

新庫所在地應築一蓄水池，並購置簡單消防設備，以防火災。

設置警衛，注意倉庫安全。

注意聯絡當地士紳居民，在可能範圍內，並酌助當地小學教育費及辦理平民施醫、購藥等事宜，以增進居民感情，共同維護古物、圖籍安全。

以上意見請採擇施行爲荷！

本院冉參事鵬視察報告

奉派往台中查國立中央博物圖書院館聯合管理處保管文物情形案，遵經於二月四日晨搭火車赴台中，六日午後返台北，謹將查處經過情形撮要陳述於后：

現在保管概況　倉庫係借台中糖廠倉庫，位於區糖廠附近，共計三大間，頗爲寬大。基層爲洋灰地，上舖木板，無窗，因係儲糖之用，故庫內甚爲乾燥、整潔，且勉可敷用，其中文物，以故宮博物院佔大多數，共有二九七二箱，中央博物院次之，共九〇八箱（包括北平圖書館十八箱，河南博物館卅八箱在內），中央圖書館又次之，共六四四箱，其餘則爲教育部及中央製片廠之器材，共四三五箱，總共四九五九箱。職員共計四十一人，其中委員八人及專門委員二人均係兼任不支薪，專任職員實際僅三十一人，尤以故宮博物院組九人、中央博物院組六人、中央圖書館組四人，均爲各該院館隨文物押運來台之舊有人員。關於警衛事宜，則由台中糖廠之警察兼任，未另派憲警專任警護。

抽查情形　台中氣候亢爽，兼以存糖用之倉庫設備乾燥，極適宜文物之保存。經職抽查者，計故博組第四十號箱銅器所藏散盤及周王（害夫）鐘等八件，與原冊相符，毫無破損；第二十七號箱，瓷器之乾隆梅瓶等八件亦同；嗣查第五十一號箱，書畫，目睹王右軍之映軍時晴帖，神品依然。又文瀾閣藏之四庫全書，職亦抽查木箱之有損壞者一箱，其中無部之木匣，略有壓破，而原書則絲毫無損。復抽查中博組，計開第三十八號箱，銅器，雷役鼎；第二二〇號箱，銅器，毛公鼎；第二七四號箱，瓷器，宋定窯；及第二二九五號箱，書畫，一如故博組核與原清冊相符，並無破損。復查中圖組所藏善本，開箱結果，一無潮溼與蠹蝕情形。電教組所存器材則因新近辦理移交，曾由部派專人監點，經職抽查所存收音機一箱，與原列件數相符。

查驗後意見：（1）庫存之古物、圖籍爲國家文物之精華，此次經三批分運來台，未有損失，當時主持遷運及押運人員實屬克盡厥職，似應由院飭部查明姓名以嘉獎；（2）故宮、中博、中圖三組工作人員，經職檢查其工作紀錄表，所有開箱檢查、登記、編冊、吹風、攝影、包裝及木箱等，均以能一守在京時成規舊制辦理，不惟謹嚴有序，值此公教人員生活艱難，負此保管重責，一無疏失洵難得，擬請院長特予獎勵以資激勉；（3）原有木箱經一再播遷，多有破壞，應予換箱，故博組所保存之書畫精品尚有擇要酌予添置外包綢布之必要，以免磨損中圖組之善本書籍，亦有未加函帙者，亦應擇要酌予添置，擬俟該管理處編列預算，呈院准予核列；（4）電教組之器材與中博組等文物、圖籍之性質不同，不應呆板保管，應充分利用，擬由部妥予利用（此點承杭部長面告，正由部分別計畫、實施）；（5）現庫酌利台中糖廠一切設備，惟該廠爲台中空襲最大目標，該庫與廠房毘連，空襲堪虞，故經院核准另建新庫，工款已撥，並據主管人面稱，工程合約已簽訂，并定於四月十日完工。此次職並隨蔣理事夢麟等，親往距台中約八公里之北溝新庫之址查勘，該地位於山麓，地勢高曠，面臨溪溝，防火設備易於安置，且往台中市區交通亦便，自應由部督促主管人員積極進行，務期如限完成，以策安全。

以上所有，奉命查驗台中國立中央博物圖書院館聯合管理處文物及器材保管情形，暨所擬意見五項是否可行簽請鑒核示遵。

行政院也同時去函朱家驊詳告。

騮先先生勛鑒：

按奉元月十九日手敬諗關懷文物，審慮週詳，無任佩仰，茲謹將主管部處理故宮、中博兩院等遷台文物情形，並就承詢各節分別詳列如後。

本年元月廿三日，故宮、中博兩院理事舉行談話會，經提議組織清點委員會，決定經常清點仍照舊進行，全盤清點俟理事會議組後討論。

卅八年六月三日，本院第六十五次會議決議通過，成立國立中央博物圖書院館聯合管理處，故宮、中博兩院理事會仍繼續存在，並未經改組。故宮博物院理事長翁文灝原於前年年底函請辭職，經常務理事會決議慰留，並由常務理事會共同負責。本年元月廿三日兩院理事談話會以兩院在台人數過少，不能行使職權，決定建議政府為應目前需要，組設共同兩院理事會，代行兩院理事職權。

兩院在台理事人數甚少，如舉行正式集會，將不足法定人數，惟有關兩院事項又不能不開會商討，故於去今兩年，曾先後在台舉行談話會三次。第一、二兩次集會時，政府尚未遷台，而在政府所在之理事亦甚少，無法正式集會，又理事任期為二年，須至去年十一月始滿期，故未提請改組。

卅八年六月三日，本院第六十五次會議，決議通過〈中央博物圖書院館聯合管理處暫行組織辦法〉。查原辦法第三條規定之「該處設委員會綜理處務置主任委員一人，常務委員三人至五人，委員六人至八人，由教育部聘任之，呈院備案」，該聯合管理處之一般行政，即由委員會負責，各組業務仍由原來押運人員分別負責，該委員會並在管理處之上。

教育部卅八年十一月十一日呈院文件係請撥建築台中倉庫，以策文物安全，王雪艇、吳稚暉、傅孟真、張道藩、陳雪屏先生等並有函來述此事之重要。經奉院長批示：「主管部既有意見，可電請王理事長世杰，及傅常務理事斯年，徵詢意見」。卅八年十二月三日，得王、傅兩先生復電，略謂「在台古物之保存，目前最急之事為在郊外適當安全地點，建築需費不大之倉庫，至於清點工作，現有倉庫設備尚不能容許大規模的辦理，似尚可稍緩再議」云云，至同年十二月十六日呈院文件，係報告辦理國立中央博物圖書院館聯合管理處情形，經由院准予存查在案，望關錦注，特檢同國立故宮博物院、國立中央博物院兩院理事聯合談話會紀錄送請察閱為禱，謹此奉復敬頌勉綏。

從朱家驊的信函及上蔣介石書，可以一窺早期故宮理事或直接參與其事者其公忠體國，著實令人佩服。

四、招滬商

【香江招滬商來台】

民國三十八年四月底，人民解放軍大舉渡江，南京、上海相繼解放。滬上若干名商巨賈由於擔心身受兵燹之禍，紛紛避難香港，因此，原本盡是粵人天下的香江，突然跑來一大群講著吳儂軟語的江浙人士，個個腰纏萬貫，出手闊綽，這批異鄉客被當時香港報章謔稱爲「高等難民」。

當時，蔣介石擔心留滯在香港的江浙商旅一旦挾帶巨資返回上海，不單是十里洋場經濟重歸活絡，局勢將更不利於國民黨，故而，蔣介石三番兩次命洪蘭友、王新衡、潘公展（國民黨前中宣部副部長）維繫住這些人的向心力。

六月十九日，人稱「上海皇帝」的杜月笙自香港寫信給蔣介石。信封是用傳統中式直式信封，信封正中央以工筆楷書寫著「敬煩轉呈　總統鈞啓」，左下方是「杜鏞謹緘」四個字，其內容如下：

總統鈞鑒：

謹陳者，自滬壖叩別出海南來，抵港養息，已越月餘，值茲國步艱危，猥以衰疾未能稍效犬馬之勞，藉著宵盰之憂，翹首國門，慚疚何極，上海易手淚，據悉，彼方各項措施甚感棘手，尤以經濟萎縮，原料缺乏，工潮動盪，感覺極大困難。向時，美援輸入米、棉兩項，月值美元肆仟萬之多，今既絕跡不來，若向外購運，單就原棉一項，每月即需美元叁仟萬元之鉅，一出一入，計共柒仟萬美元，縱使竭澤而漁，何來如計外匯，一旦原料不繼，各廠勢必停工。查目前單以紡織業工人及碼頭工人兩項，統計即有四十三萬名，其他各業困難情形大致彷彿。如以其二人合併計算，爲數益鉅，倘使全部失業，其後果之嚴重，灼然可見，又彼方向以「翻身」、「抬頭」等甘言爲號召工人之口號，詎事實上大謬不然，不惟對於工人生活未稍提高，且於工作時間每日增加兩小時，怨憤之情不難(想。按：疑原件遺漏此字)像，固不待各廠停工，生活斷絕，即將有工潮爆發之可能。職是種種，彼方對於旅港工商各業領袖，盼能言歸相助爲理，經鏞力加勸喻，適值港口封鎖，欲行不得，只得暫留。昨日港滬復航，頗有少數人士爲其本業生存，中心不無搖動，倘果相率言歸，關係自屬重大。鏞在此間，自當以大義隨時勸阻，但究不若封鎖沿海各港，絕其歸念，更爲直捷有效也。一切詳情已託王新衡兄代爲面陳，臨穎惶悚，統祈

垂察祗請

鈞安

杜鏞謹肅　六月十九日

杜月笙寫這封信給蔣介石，主要在轉述他所了解的上海解放後一、二個月間之近況，信的末了，杜月笙向蔣介石表達他將盡力勸阻想從香港回上海的商界人士。

因爲，蔣介石先前曾經重託杜月笙，要極力勸阻上海商界大老再回到解放後的上海，但是，腳長在大老闆們的身上，杜月笙豈能限制這些人行動，旅居香港的工商各業領袖經不起中共方面的勸導，紛紛表示要回上海協助解決滬上地方的工廠停工等嚴重問題，爲此，杜月笙不免向蔣介石抱怨。杜月笙稱，所幸上海港口已遭國軍海軍封鎖，這批人想回上海卻歸不得也，只得暫留，但是，阻攔回上海的最好方法還是「封鎖沿海各港，絕其歸念，更爲直捷有效也」。

至於杜月笙開宗明義那句「自滬壖叩別出海南來」，說的是四月二十五日，蔣介石於奉化外海乘〈太康艦〉離開溪口老家，第二天下午一時到達上海，蔣介石就在〈太康艦〉停泊復興島的那幾天和杜月笙見面，並勸杜月笙盡速離開上海，暫避兵燹。因此，蔣杜面會對杜月笙在上海解放前夕的最後關頭揮別十里洋場，起了相當關鍵的影響作用。而「自滬壖叩別出海南來」的「壖」字是「堧」的俗字，是城郊的意思，就是指上海郊外黃浦江上的復興島。

杜月笙這封信是託國民黨負責香港情報工作的王新衡轉交給蔣介石的。

蔣介石看過杜月笙的來信之後，指示機要秘書「代擬復稿」，六月二十七日，前軍務局局長俞濟時將信稿呈給蔣介石，蔣介石看後批可，即請王新衡去香港，將回覆給杜月笙的密函送到他手中。

月笙先生大鑒：

新衡同志來台，接誦六月十九日惠書，藉譪起居勝常，良以爲慰，上海在共匪統治之下，工商業凋敝情形，誠如來函所述。至建議封鎖沿海各港一節，政府業已決定一律停止開放，若持之以久，則共匪必困難愈深，惟我京滬一帶千萬善良人民淪入鐵幕，受其荼毒，私衷殊深痛疚。但，自由與奴役之間，人民必將有所抉擇，先生此次毅然離滬，足徵國家民族意識之堅強，佩慰奚如。今後京滬反共運動，勢將與日俱增，尚盼盡力協助，以期早日出人民於水火也。際此盛暑，至希加意珍衛，餘不一一。順頌

近祺

中正手啓

太子系大將王新衡

王新衡早年和蔣經國是留俄舊識，留蘇期間曾被共產國際的王明指控是「浙江同學會」頭面人物，遭格別烏（KGB）監禁，民國十九年被遣返回國。

但王新衡真正和蔣經國太子系關係趨於緊密是民國三十七年蔣經國到上海打老虎時，抗

戰勝利後隨上海市市長錢大鈞到上海接收的王新衡當時是上海市政府參事兼調查處處長，實際上亦是保密局上海站站長，行憲之後，王新衡還當選第一屆立法委員，因王新衡經常提供情報，故而和蔣經國過從甚密，成為太子系在上海運用的一員大將。

京滬解放後，王新衡被調到香港，擔任國民黨南方執行部代理主任委員，杜月笙離滬赴港，王新衡自然成為連絡蔣介石父子與杜月笙的不二人選，當時的杜月笙恐怕還不知道，去年上海雷厲風行打老虎時，正是王新衡向蔣經國報告，說杜月笙三子杜維屏計畫利用自己中匯銀行經理的身分，把四十五萬港元套匯外流，蔣經國當即下令逮捕。

杜月笙其人

杜月笙出身寒微，原本在水果行當店員，後來加入八股黨販毒。民國元年，因緣際會結識上海黑社會聞人黃金榮。民國十四年，黃金榮、張嘯林、杜月笙三人合開三鑫公司，壟斷上海法租界毒品市場，杜月笙並當選上海法租界商會總聯合會主席兼法租界納稅華人會監察。

杜月笙和蔣介石之間的恩怨情仇可遠溯自民國十六年寧漢分裂，為協助蔣介石「清黨」，杜月笙與黃金榮、張嘯林組織中華共進會，運用幫派勢力強力鎮壓上海工人運動，殺死工運領袖汪壽華，史稱「四一二事件」，此後，蔣杜在滬上地區更是緊密結合，合作無間。因此，南京政府成立後，蔣介石任命杜月笙為海陸空軍總司令部顧問、國民政府軍事委員會少將參議、行政院參議，成為蔣介石不可或缺的貼己股肱，因為杜月笙在上海無與倫比的影響力，法租界當局也爭相任命他為公董局臨時華董顧問。

北伐完成後，蔣介石處心積慮地想去除中共這心腹大患，剿共成為民國十九年之後落實其「攘外必先安內」政策的首要目標。蔣介石於是又找杜月笙出馬參與剿共事務，聰明的蔣介石知道假如直接找杜月笙，不如找杜月笙的把兄弟張嘯林幫忙，只要張嘯林願意出馬，杜月笙即可在幕後鼎力相助。民國二十一年，杜月笙在上海建立幫會組織「恆社」，四月二十五日密電蔣介石，說：

> 南京陵園蔣委員長鈞鑒：（密）嘯兄還，備述鈞座禮意優隆，感德至深。又付綏靖事，命其舉人備用，仰先鈞座身總國鈞，心關閭里，刻嘯兄正輾轉旁求，冀得報命，竊維綏靖萑苻（按：萑是鴟鴞科的一種鳥類，其特性是晝伏夜出，最愛攫食雞隻，苻是一種赤色叢生的植物，「萑苻」二字意指共產黨），不外剿撫，剿貴熟悉，撫須信望。鏞限於聞見，殊覺兼得爲難，縱嘯兄有所推舉，而所推者必仍望嘯兄爲之負責，不如逕以責成嘯兄似較他求爲適。鏞竊以此徵之嘯兄，彼雖遜謝，然責以敬恭之義，當亦無詞自解，管見敬陳。如荷採納，乞密指示，俾從中敦勖，必能使之樂任也。職杜鏞叩敬

這足證當年蔣介石對杜月笙、張嘯林等人的倚重之深及彼此依賴之厚，蔣杜水乳交融，唇齒相依，實不在話下。

民國二十三年，杜月笙被任命為上海地方協會會長、中國紅十字會副會長、中國通商銀行董事長，聲勢如日中天。

抗戰期間，杜月笙協助當局積極抗日，暗中幫助軍統網羅人員、收集情報，並協助戴笠建立人民行動委員會，策劃暗殺漢奸活動，上海淪陷後赴香港。民國三十年十二月，日本佔領香港，杜月笙輾轉赴重慶，設立中華實業信託公司，自任董事長，並任楊管北為總經理，資本額為一百五十萬法幣，以昆明為對外走私孔道，又從衡陽搶運物資，並循地緣關係之便，與敵偽特務組織交換物資。

如果說陳果夫、陳立夫、戴笠是蔣介石的「耳目」，杜月笙就是蔣介石在滬上的「手腳」。要不是杜月笙在十里洋場幫襯，蔣介石哪能在京滬一帶呼風喚雨。尤其在剿共和抗戰期間，杜月笙更是蔣介石的幕後功臣，沒有「杜大耳」的鼎力支助，光靠飛機、大砲，要想對付神出鬼沒的共產黨，不僅很難討到便宜，根本無法竟其全功。

抗戰勝利後，杜月笙回到上海，當選上海市參議會副議長，又成為名副其實的「上海皇帝」。

同時，時任國民大會秘書長的洪蘭友也於豔日自廣州密電蔣介石，說：

總裁蔣鈞鑒：

職前奉面諭對滬工商界旅港人士加以慰勉，遵於返穗過港時先向月笙等轉達鈞旨，咸感德意，祗以時間迫促，未及普訪各首要晤談，經與月笙商定，改期再行邀聚，業經函呈鈞察。邇來，共黨對此輩人士工作進行益力，一面威脅滬廠，一面派人在港大言利誘，力勸回滬，大公等報更以民族資本家團結生產等口號相慫恿。其中，意志堅定者固多，但恐間有逐漸動搖者，故此工作亟須加緊，擬於日內再抽暇赴港一行，普約各首要敘談，宏宣德意，惟共黨經常誘惑，吾方必須經常致力，今後除重託月笙總持聯繫外，並乘公展在港籌辦刊物之便，託其就近協助，切爲聯繫，與中央時通聲氣，當能收振奮團結之效。

蔣介石在收到洪蘭友這封密電之後，即於七月一日回電，請他「赴港代慰旅港人士」，洪蘭友知道蔣介石的意思，立刻放下手邊工作，從廣州兼程趕往香港密晤杜月笙，七月三日就把晤見杜月笙的情況以密電向蔣介石匯報。

總裁蔣鈞鑒：職於宥（按：六月二十六日）赴港，分訪上海旅港工商界各首要，即晚，柬邀餐敘，計到者二十餘人，即席宣達鈞座慰念之德意，同深仰感。月笙代表致答謝之辭，大意謂旅港同人對鈞座關切之厚意，無任感奮，極願追隨戮力抗共到底，誓不回滬，在座諸人，悉惟月笙之馬首是瞻。錢新人並講，吾人既抱犧牲精神南來，自應堅定不移，未得杜先生同意，任何一人不能即去。惟彼等表示兩點，第一，彼等在港生活及事業上之責任，希望政府了解，今後能在彼等業務及貿易方面加以維護。第二，彼等親屬多未離滬，對空軍轟炸，希望能確實注意軍事上之目標，免及一般人。關心囑以此意轉呈鈞座察注。再據職所聞，南來人士中，確有一部份因生活困難而思回滬者，但在月笙籠罩之下，尚不致渙散。呈已指定專人與彼等切取聯繫，甚望今後彼等合理之要求中，經濟部能加體察，對其事業及生存方面予以培護，不使彼等生計冀乏，庶其安心南居。職於今年返穗，適奉到午東（按：七月一日）電，遵將赴港代宣德意，經過毫呈，又錢新之應陳主席之邀，將於日內來台，並將晉謁鈞座，請併呈鈞察，職洪蘭友叩。午江印。

這份電報，突出了此時杜月笙在兩個人際關係上的特點，一是認定杜月笙在港滬商當中的影響與左右力量，「在座諸人，悉惟月笙之馬首是瞻」，再者，洪蘭友認爲杜月笙可以阻止香港滬商返回上海，故而說：「南來人士中，確有一部份因生活困難而思回滬者，但在月笙籠罩之下，尚不致渙散。」正是這兩個關鍵因素，促使蔣先生三番兩次命令洪蘭友等人，代表他去香港「宣慰」杜月笙；其實名爲「宣慰」，實則傳達指示。

【杜月笙不來了】

大陸解放之後，青幫大亨杜月笙遠走香港，臨老且病之時，即使蔣介石頻頻召喚，杜月笙就是不願意去台灣。杜月笙爲什麼不去台灣？恐怕與民國三十八年七月十八日，國民黨機關報《中央日報》社論〈本黨歷史的新頁〉一文嚴厲批判杜月笙有關。

話說洪蘭友受蔣介石之命赴港探望杜月笙之後三個禮拜，報社已遷往台北的《中央日報》突然點名直指杜月笙是「買辦流氓、土豪劣紳」，並做了措詞尖銳、極盡羞辱之能事的批評。杜月笙懷疑蔣介石、蔣經國父子把上海失守的責任歸咎於他，故而發動黨的機關報公然攻訐、批判。

這篇社論以「三點意見」爲名目，對杜月笙發動了聲色俱厲的強硬批判，說：「過去黨中若干有力的同志爲了避免改造政治社會的麻煩，也爲了自己的利益，便丟開主義而各行其是。在上海、漢口、平、津及廣州的同志，都在有意無意之間和買辦流氓妥協，在其他各省市的同志，亦均與土豪劣紳結不解的政治緣。」

並以空前高調的語氣聲稱：「買辦流氓、土豪劣紳，本都是時代的渣滓，應在肅清之列，但由於一些有力同志的畏難苟安，不去肅清他們，結果他們的勢力就反而壯大起來，變成了各地的實際統治者。別的且不說：上海爲什麼變成最容易發炎的盲腸？豈不是因爲它早成爲『聞人』的天下？這聞人也者就是流氓頭的代名。那些流氓頭是由吾黨同志一手提拔起來的，但在它的羽翼豐滿之後，就幾乎變成了上海的皇帝。我們只要看上海參議會議長一席竟是聞人杜月笙辭而不就的位置，以及去年上海的限價政策之突然受到聞人的逆襲而崩潰，都可以想見那些『聞人』之已取得上海實際統治權，與夫我們少數同志養虎貽患的不智。」

堂堂黨報竟然直呼蔣介石的江湖摯友杜月笙爲「買辦流氓」、「土豪劣紳」、「時代渣滓」，並且將蔣經國上海打老虎限價政策的潰敗說成是受到杜月笙「逆襲而崩潰」，其觀點及情緒很容易讓人認爲上海之所以垮台，和杜月笙藉機報復關係重大。

這篇社論明顯是要報半年多前，蔣經國在上海栽跟頭的一箭之仇。但是，作者落筆之間卻未能技巧地掂量輕重，如猛張飛似的端著一把刀，就一殺到底，接著說道：「現在我們不能再妥協下去了，也不容再苟安下去了，對於一切橫在主義前途的障礙都必須予以清除。共匪不消說了，就是買辦、流氓、土豪、劣紳乃至於若干軍閥的殘餘勢力，也應該加以掃蕩。因爲共匪固以我們的敵人，而買辦、流氓、土豪、劣紳，已是軍閥的餘孽，也是三民主義前途的障礙，不肅清這些障礙，我們就永遠沒有方法可以推行，以實現三民主義爲目標之政治的經濟的措施。」

更不可思議是，這篇社論更不知輕重地在字裡行間挑明了是要幫蔣經國發聲，無異是把唆使寫這篇社論者的底牌洩了光，實是弄巧成拙，馬屁拍在馬腿上，寫道：「本黨應將戡亂建國任務的一大部分，交給青年去執行。過去本黨的高級幹部，犯了過於老成持重的錯誤，以爲青年們的幼稚病和天不怕地不怕的大膽，都不配做本黨推行主義政策的執行人。因此，對於已入黨團的青年，是把他當做尙待保抱提攜的童稚，從來不把推行主義的工作交給他們，對於一般青年，也只希望他們好好地讀書，並不期待他們的翊贊革命。其實，所有能寫下可歌可泣歷史的人，多半是青年，或是善於領導青年的人。……我們希望中樞能劃出一部分戡亂建國的工作交給青年，一方面讓多數正苦沒有出路的青年得到工作，一方面讓青年翊贊革命的熱誠轉化爲戡亂建國的行動，務使本黨能從此進入更活躍的青年期，然後戡亂的最後勝利才會屬於本黨。」

隔日，蟄居香江的杜月笙也看到了這篇社論，當下氣得七竅生煙，立刻找來嫡系青幫弟子的立法委員陸京士，抱怨蔣介石父子竟以黨的機關報社論點名羞辱他，士可忍孰不忍，說：「我杜某人哪一點對不起蔣介石，就算上海打老虎，我讓蔣太子下不了台，那也是他蔣經國行事孟浪，沒有處理亂局的能力，咎由自取，干我杜某人何事？更何況，從清黨、抗戰、剿共，哪一樁事體不是老蔣來求我的，是蔣介石有求於我杜月笙，不是我有求於蔣介石。」

別說杜月笙本人愈想愈光火，連陸京士拿起報紙一看，也不禁怒火中燒，心想難不成蔣介石父子果眞想把杜月笙當成夜壺，用過就丟？難不成杜月笙已經失去最後利用價值，成爲國民黨處心積慮要「掃蕩」和「肅清」的「三民主義前途的障礙」？

陸京士當下修書一封，差人送到台北的總裁辦公室，且唯恐國民黨沒人理會或裝聾作啞，推諉責任，因此在信上寫了三個收信人，除了居首的蔣經國，還有陳立夫、洪蘭友，說：

經國、立夫、蘭友先生賜鑒：

敬陳者，本月十八日，台北《中央日報》社論〈本黨歷史的新頁〉一文，其中對本黨若干地方黨部頗多指責，而於杜月笙先生尤多誤解，極盡誣蔑責譴之能事，悉閱之餘，不勝駭異。查杜先生過去在滬協助本黨推行各項政策，主持地方公益、社會事業，貢獻至鉅，而擁護本黨，及服從總裁領導，廿年來始終不渝。自清黨抗日，以迄戡亂等革命運動，純以人民立場，幾於無役不與，而絕不爲任何惡劣環境所能動搖，其信心皆爲本黨中央及總裁所深悉。此次上海失守，月笙先生勸導工商界重要領袖先期離滬，以示與暴力統治絕不合作，雖經共X多方威逼利誘，促請返滬，仍不稍變其初衷。總裁曾特派蘭友先生代往慰問，而此處陳主席亦數電勸迎來台。於此足證中央正重視工商界領袖及民族資本家，方欲盡力爭取，免爲共X劫持利用，乃《中央日報》之社論，以代表黨的立場，竟發此與中央及總裁意志相背悖之言論，不知是否確爲本黨負責當局別有意之主張？抑爲該文作者個人不負責任之見解？用意何在？殊爲費解。《中央日報》爲本黨最高言論機關，倘竟放縱執筆者任意狂言，而有此極端左傾幼稚病之嚴重錯誤，將何以取信於社會維繫人心耶？現此間友人已將社論原文寄送月笙先生，恐易引起誤會，特為奉陳公等翊贊領袖決策中樞，對此以似宜及早查明實情，善為處置，免為仇者所快，親者所痛也。除另函陳主席辭公外，專此奉達敬頌

勛祺

晚 陸京士敬啓 七月廿一日

附七月十八日《中央日報》社論一件

陸京士單刀直入地明白質疑社論事件，更直指核心，問道：「不知是否確為本黨負責當局別有意之主張？抑為該文作者個人不負責任之見解？用意何在？殊為費解。」無異是在質疑蔣氏父子，並指責下令寫社論者犯了「極端左傾幼稚病之嚴重錯誤」，擺明要蔣經國給個交代。

這時，在各地戰況愈來愈不利的情勢下，蔣介石正窮於應付共軍的猛烈攻勢，根本沒注意《中央日報》捅了這麼大的漏子，遑論知不知道是誰出的餿主意了。首先看到這封信的是曾任國民黨中央組織部部長、中央評議委員的陳立夫，感覺事態嚴重，他先給《中央日報》社長馬星野打了一個電報，詢問究竟是怎麼一回事，要求迅速查辦，盡早給杜月笙一個滿意的交代，並特地在陸京士信上開頭的空白處寫下了這麼一段話：「經國弟：立已閱過，並已去電星野同志，查明嚴予處分，擬請弟召星野詢問經過，並定處置辦法示復，蘭友兄已閱 立夫」。

這原本僅是一樁茶杯風暴，蔣介石此刻正忙得不可開交，那有空暇旁騖其他，對《中央日

報》老是砲打黨內同志，蔣介石早有不滿，陳立夫等人故而決定先壓下來，並且央託洪蘭友趕緊走一趟香港，消消杜月笙的火氣。

等洪蘭友火速趕到香港堅尼地十八號杜公館，屋裡早已是人聲鼎沸，罵聲不絕。杜月笙面帶憂戚，憤憤不平地對洪蘭友說：「從北伐、抗戰，我出人出錢，東奔西走，爲國家做了多少事，難道國民黨全忘了嗎？共產黨在報紙上罵我，我可以充耳不聞，可是今天國民黨的報紙竟然視我如寇，拿我當夜壺，要將我掃地出門，我夫復何言？」

洪蘭友立刻婉言解釋，說此次《中央日報》社論完全是報社裡一、二個人的胡作非爲，不是黨中央的意思，故而一定嚴厲處置，絕不寬貸，這事與蔣介石絕無關係，更不是他的意思，請他息怒云云。但是，杜月笙又不是三尺童子，他哪不知道是怎麼一回事，一旁的錢新之也爲杜月笙打抱不平。錢新之曾任交通銀行經理、財政部次長、中興輪船公司董事長、復旦大學董事和校長、參政員、交通銀行董事長，民國三十七年與杜月笙籌設復興航業公司，任董事長，是杜月笙晚年生意上密切往來的合作夥伴。

台灣省主席陳誠原本再三懇請杜月笙、錢新之等滬上聞人到台灣避難、定居，正準備動身，沒想到遇到《中央日報》發表攻訐杜月笙的社論，大夥群情激憤，又打消了行程。錢新之憤憤不平地說：「既然蔣先生父子待我們如此，我等豈能自討沒趣。」

洪蘭友面色憔悴地走出杜公館，趕緊密電蔣介石，匯報香港的緊急情況。

總裁蔣鈞鑒：午儉道電敬悉，鈞座對滬上留港工商界人士關懷德意彌見殷厚，遵當個別轉致。惟上月十八日，台灣《中央日報》社評，對月笙指名抨擊過甚，頗使甚感覺苦悶。蓋杜一面正受共黨報詆毀，一面又受本黨報紙攻擊，而又正承鈞座關切，代向旅港人士宣達鈞座德意之時，在港諸人均惟杜之馬首是瞻，今杜忽遭此打擊，自難怪其鬱鬱。即職奉命與彼等聯繫，亦不免受該文影響，而難於爲辭。錢新之甚至憤然謂國民黨不欲吾人與共患難，尚復何言。致渠原已應辭修先生之約，定期來台，現復中止。故當此鈞座正對彼等優加撫慰深得愛戴之時，而該報忽有此之刊布，實爲大體方面之缺陷。職現正覓取彌補此一缺陷之途徑，使能釋然於懷，而回復過去之祥和與信心，期紓廑念。因仰知鈞座對彼等關懷之德意，及彼等對鈞座擁戴之忱，謹將近情坦直稟報，伏乞睿察，爲禱。職洪蘭友叩。

蔣介石早已聽聞蔣經國告知《中央日報》社論批判杜月笙之事，心裡即已怒火中燒，再看洪蘭友這封電報，更是火上添油，怒不可遏，急召文學侍從陶希聖（曾任國民黨中宣部副部長、國民黨中央第四組主任），要他即刻找馬星野，把事情的來龍去脈查個水落石出，並要陶希聖即日趕赴香港向杜月笙道歉賠不是，同時交代國民黨中央黨部秘書長黃少谷以國民黨中央的身分連發兩通電報給洪蘭友，要洪蘭友「再行宣慰，以釋誤會」，全力安撫杜月笙。

除了從杜月笙這廂著手致意，洪蘭友並建議蔣介石，說另一位與杜月笙同列上海大亨的王曉籟同樣也避難香港，不妨在他身上下功夫，因為，這批江湖兄弟流落異地，迫切需要友人伸出援手，此時若能雪中送炭，必能事半功倍，說不定，王曉籟可以幫上大忙。

蔣介石聽了，深感言之成理，當即給洪蘭友打了一通電報，請洪蘭友趕緊代表他去探望王曉籟，致送慰問金一萬港幣，之後，再代表蔣介石去拜訪杜月笙、錢新之這班兄弟。蔣介石交代洪蘭友，請杜月笙、錢新之、王曉籟轉告香港的滬上商界朋友，說他希望招商到後方興辦工業，還得要借重他們共襄盛舉。

蔣介石同時交代陳立夫也能適時前往香港，代表探視杜月笙。

如此穿梭往返，使得香港杜月笙公館天天貴客盈門，一掃初到此地的陰霾。

王曉籟接到洪蘭友轉來蔣介石的一萬港幣，點滴在心頭，趕忙打了一通電報感謝。

總裁蔣鈞鑒：蟄居港埠，屢承洪秘書長宣達德意，更辱頒賜港幣壹萬元，益感厚誼，未敢矯廉，遵當祗領，謹肅電謝，敬乞垂察。王曉籟　民國卅八年九月四日

得知蔣先生收到王曉籟的謝電，洪蘭友靈光乍現，心想，《中央日報》社論事件可以找王曉籟當中間人，解開矛盾糾葛。果然，在王曉籟居間協調和洪蘭友不斷奔走之下，杜月笙終於化

解對蔣介石形諸於色的不滿情緒。

九月二十八日，杜月笙請錢新之到廣州見蔣介石，帶上自己的親筆信給蔣介石。

總統鈞座：

六月間曾肅寸稟，計蒙鑒察。鏞月來養痾香江，滿冀賤恙得早痊復，趨轅叩謁，藉傾愚誠，奈喘病未痊，稍一行動即氣逆力乏，欲行輒止者屢矣，心餘力絀，徒喚奈何，倘能勉強成行定當趨前聆訓。

竊自敵軍渡江之初，江南人民受其宣傳之麻醉，間或認賊作父，數月來敵現原形，暴政層出，獻借之苛有加無已，各地民眾始恍然憬悟，返觀過去彌念甘棠，翹企中央之反攻收復，不啻大旱之望雲霓。聞京滬民眾每遇空襲，毫不畏懼，且見而色喜者，對於傳單警告，尤爲歡頌，足見敵人怨毒入人深矣。

鈞座月來宵旰憂勤，不遑寧處，凡有血氣孰不擁戴，舉國民眾咸熱望　鈞座提綱挈領，扭轉乾坤，出之水火，登諸衽席，誠以淪陷區民眾身受其害方有此深切覺悟，所謂饑者甘食，渴者甘飲，倘能乘此時機設法收拾，必可事半功倍。所以日來國內外形勢大見好轉，反共空氣日見濃厚，而鈞座復不辭跋涉萬里巡視，想舉國民眾必不任鈞座之獨憂獨勞，且將群起追隨，共挽此危局也。

竊謂粵為陪都所在，中外視聽所繫，凡屬國人應同心一德，堅守到底，創業由此，中興亦將由此，一得之愚，是否有當統祈鑒亮。茲因應不能來穗，特乘錢新之先生趨轅之便，肅奉寸稟，并託代陳種切，謹此敬請

鈞安

杜鏞　謹上　九月二十八日

杜月笙這封信主要在向蔣介石說明自己苦於氣喘病發作，行動不便，故無法親自登門拜訪，同時也希望國民黨能守住陪都所在地廣州，以示杜月笙對蔣介石仍存一線希望。

這封信才送到蔣介石手上不久，蔣介石馬上命令洪蘭友、陳立夫兵分二路，到香港表達「宣慰」之意，蔣介石首先邀請杜月笙抽空和他見一面，同時命令洪蘭友、陳立夫二人再三請託杜月笙繼續穩定留滯香港的上海商人情緒，盡全力勸阻想返回上海的商人，以免資金流入共方之手。

十月二十日，杜月笙又給蔣介石寫了一封信，說：

總統鈞鑒：

日前以病魔纏擾，未克趨叩崇階面稟一切，疚歉萬分，乃蒙　鈞座特囑立夫、蘭友兩先

生，傳達溫諭，獎勉有加，殊深感奮，一俟稍能步履定當趨謁恭聆訓誨。最近敵方聞將召開全國工業會議，對於工商界旅港人士極盡威脅能事，遂有不勝其壓迫者，忍痛北返如劉君鴻生、吳君蘊初，均已先後首途，藉事敷衍，然身雖在敵，而心在漢，遇有機會，仍當南來繼續效命。其他忠貞人士，依然堅守不移者，當不乏人。現在局勢面臨嚴重關頭，救亡圖存扭轉乾坤，非鈞座莫屬。故所以希望鈞座不辭艱苦，再起領導，屆時局面必可一新。

至此後，港地有關祖國情事，見聞所及，更當隨時報告，藉報萬一，肅此敬請

鈞安

杜鏞 謹啓 十月二十日

杜月笙這封信又給蔣介石碰了個軟釘子，說我杜某人的病仍未痊癒，所以仍舊不便晉謁蔣，至於原本滯留香港的上海企業家已有部分人士（按：劉鴻生有「火柴大王」、「毛紡大王」、「水泥大王」等美譽，吳蘊初則爲知名的化工實業家）重返滬上，然而，唯恐對老朋友蔣介石失禮，杜月笙在信的末尾仍舊很恭謹地說香港如果有有關中國的消息，必定隨時匯報，不過，杜月笙仍寄望蔣介石能夠力挽狂瀾。對蔣介石一再力邀他赴台見面之事，杜月笙似乎已經完全失去興趣，他是審時度勢，希冀俟機重返滬上，或是仍對《中央日報》社論罵他是「買辦流氓」、

「土豪劣紳」、「時代渣滓」心存芥蒂，或是畏懼蔣經國在台灣孤島隨時可能對他動起殺機，所以才婉拒蔣介石邀他赴台的盛情，已成千古公案。

十一月二日，蔣介石從台灣寫信來給杜月笙。

月笙先生惠鑒：

管北先生來，奉悉十月廿日惠書，至爲欣慰。自匪僞政權成立，時局日見艱難。先生正氣凜然，力持大義，歲寒松柏，曷勝欽遲。滬上諸君子留滯香江，切望代中時予慰問，俾共同戮力於復興大業，貴恙稍痊，極盼來台一敘，餘不宣，敬頌痊安。

中正

杜月笙依舊無動於衷，不動如山，擔心自己一旦赴台，可能遭致包括蔣經國等的整肅，因此，雖然蔣介石父子一再差人赴港解釋，並處分撰寫社論的主筆，但杜月笙已打定主意，如果回不成上海，就終老於香江異鄉矣，他把蔣介石這封信催駕信函和蔣介石的其他函牘一同鎖進了記憶深處。

杜月笙為何不來台灣

民國三十八年，杜月笙離開上海到香港，就是不跟蔣介石去台灣，有幾個關鍵原因。

第一個原因是「紅帖子」不見了。

杜月笙的長孫杜順安說，蔣介石早年尚未發跡時，曾經由旁人引薦，見過杜月笙，並遞過紅帖子。所謂「遞紅帖子」就是投門生帖子，要在幫內施行擺香堂的儀式，也就是說，蔣介石曾拜在杜月笙門下，成為杜月笙的門生。雖然蔣介石比杜月笙大一歲，但杜月笙早在二十三歲就已經是清幫的重要頭領。

杜順安的父親，即杜月笙的長子杜維藩曾親口跟他說：「我們家有蔣介石的紅帖子。」所謂「紅帖子」就是一張寫著投入門生姓名、生辰八字及其父母姓名，並以毛筆正楷工整寫著「弟子某某某認某某人為師」的紅紙。杜維藩說，蔣介石遞的「紅帖子」上清清楚楚寫著「蔣志清」三個字，蔣志清是蔣介石上學以後用的名字。

抗戰時，杜月笙離開上海，把蔣介石的紅帖子留在家裡的一個保險箱裡，由一位賬房保管，但勝利回來後打開一看，什麼都沒有短少，惟獨那張紅帖子不見了，實在離奇、詭異。杜順安推測，應該是蔣介石派人拿走的，他說：「本來，我祖父的意思是想藉一個適當的時機，把這份蔣志清過去遞給他的紅帖子原封不動歸還給蔣先生的，誰料到竟會不翼而飛呢？」

杜月笙不去台灣的第二個原因則和復員後的一些事情有關。勝利後，他滿心以為即使不能當上市長，至少也可以當個議長吧！沒想到，什麼官銜也沒有，到頭來成了一場空。

杜順安說：「祖父心裡很清楚，自己胸無點墨，大字不識幾個，蔣介石怎麼可能要他當議長、市長。蔣介石要他做國大代表，祖父也覺得自己不識字，不宜當國大代表，要我母親當國大代表，母親不願意做官，最後，祖父只好要萬墨林擔任國大代表。」

上海打老虎是杜月笙對蔣介石失望的另一個導火線。

蔣經國上海打老虎時抓了杜月笙的三子杜維屏，雖然有許多人在杜月笙面前獻策，也有不少人自告奮勇，自稱認識誰誰誰，打一通電話就釋放了，但杜月笙心裡清楚這來龍去脈，堅信杜維屏沒有犯錯。他起先一句話都不吭，最後才在議論紛紛之下開口了，他說，關於杜維屏的事，誰都不許講一句話，不准任何人去講情，靜待蔣經國的調查。結果，關了三天，杜維屏就無罪開釋了。杜順安說這也是父親杜維藩親口告訴他的。

還有一說，說杜月笙鴉片癮頭很重，所以政府不讓他去台灣，「這是不準確的講法。」杜順安說：「祖父雖然抽大煙，但是他是可抽可不抽，不是非抽不可，因為他沒抽上癮。倒是我第五個祖母孟小冬，抽鴉片抽得厲害，她上了癮，她到台灣之後，鴉片照抽不誤，私底下抽，國民黨當局睜一隻眼閉一隻眼。」

「因此，總的說來，祖父不願意去台灣，就是三件事。其一是紅帖子不見了，祖父不開心，心想你蔣介石當了總統了，在禮貌上我本來就是要還你的，但是為什麼別的東西不丟，偏偏這張紅帖子不見了？啟人疑竇。其二，是蔣經國把我三叔叔杜維屏關進去了，讓我祖父非常生氣。其三，就是為了上海市長、議長的事情。蔣先生連薦舉議長、市長表面上的客氣都沒有。你蔣先生總要來跟祖父客氣一下吧，過來邀請我杜某人，好歹表面上做個樣子，給祖父一個面子也行，可是竟然連請都沒有來請過，連面子上最容易的動作都不作，這擺明了是昭告天下，新政府不需要杜月笙這種本地勢力介入，非但如此，新政府還怕我們興風作浪，要想剷除我們這批人。」杜順安說：「所以祖父有這麼一句話：我們是夜壺，蔣介石把我們用完了，眼看沒有利用價值了，就往旁邊一甩，再也用不著你們這些夜壺了。」

不過，杜月笙在過世之前交代他的二個太太和杜維藩等，待他過世之後，就去台灣。因為他在台灣還有一些人脈關係可以幫忙，而且台灣也比香港安全。因之，杜月笙過世之後，杜家就搬到台灣來了。

杜順安說，在台灣，某日，他們去台北市長安東路一家廣東燒臘餐廳吃飯，剛好蔣經國也在那家餐廳用膳，馬上走了過來，和他父親杜維藩握手致意，並以上海話說：「上海的事情，我感到抱歉！」蔣經國這句抱歉，一筆勾消了過往仇隙，過去的恩恩怨怨，俱往矣！

國家圖書館出版品預行編目資料

蔣介石父子1949危機檔案 / 王丰著 --二版. --
台北市：商周出版：家庭傳媒城邦分公司發行,
2014. 04
面：　公分. --（漫遊歷史：3X）

ISBN 978-986-272-570-2（平裝）

1. 蔣中正　2. 蔣經國　3. 臺灣傳記

005.32　　103004707

漫遊歷史003X

蔣介石父子1949危機檔案

作　　者 / 王丰
企劃選書 / 徐藍萍
責任編輯 / 彭子宸

版　　權 / 黃淑敏、翁靜如、吳亭儀
行銷業務 / 莊英傑、張媖茜、黃崇華、李麗渟
總 編 輯 / 黃靖卉
總 經 理 / 彭之琬
事業群總經理 / 黃淑貞
發 行 人 / 何飛鵬
法律顧問 / 元禾法律事務所 王子文律師
出　　版 / 商周出版
台北市104民生東路二段141號9樓
電話：(02) 25007008　傳眞：(02)25007759
E-mail：bwp.service@cite.com.tw
發　　行 / 英屬蓋曼群島商家庭傳媒股份有限公司 城邦分公司
台北市中山區民生東路二段141號2樓
書虫客服服務專線：02-25007718；25007719
服務時間：週一至週五上午09:30-12:00；下午13:30-17:00
24小時傳眞專線：02-2500-1990；2500-1991
劃撥帳號：19833503；戶名：書虫股份有限公司
讀者服務信箱：service@readingclub.com.tw
城邦讀書花園：www.cite.com.tw
香港發行所 / 城邦（香港）出版集團
香港灣仔駱克道193號東超商業中心1F　E-mail : hkcite@biznetvigator.com
電話：(852) 25086231　傳眞：(852) 25789337
馬新發行所 / 城邦（馬新）出版集團【Cite (M) Sdn. Bhd.】
41, Jalan Radin Anum, Bandar Baru Sri Petaling,
57000 Kuala Lumpur, Malaysia.
電話：（603）90578822　傳眞：（603）90576622

封面設計 / 張燕儀
排　　版 / 極翔企業有限公司
印　　刷 / 韋懋實業有限公司
經 銷 商 / 聯合發行股份有限公司
地址：新北市231新店區寶橋路235巷6弄6號2樓
電話：(02) 29178022　傳眞：(02) 29110053

■2014年4月10日二版1刷
■2019年7月19日二版1.8刷

Printed in Taiwan

ISBN 978-986-272-570-2

定價300元

城邦讀書花園
www.cite.com.tw

 ISBN 978-986-6571-42-8

商周出版

廣　告　回　函
北區郵政管理登記證
北臺字第000791號
郵資已付，免貼郵票

104　台北市民生東路二段141號2樓

英屬蓋曼群島商家庭傳媒股份有限公司城邦分公司　收

請沿虛線對摺，謝謝！

商周出版

書號：BUB003X　　書名：蔣介石父子1949危機檔案

請於此處用膠水黏貼

商周出版

讀者回函卡

感謝您購買我們出版的書籍！請費心填寫此回函卡，我們將不定期寄上城邦集團最新的出版訊息。

不定期好禮相贈！
立即加入：商周出版
Facebook 粉絲團

姓名：＿＿＿＿＿＿＿＿＿＿ 性別：☐男 ☐女

生日：西元＿＿＿＿年＿＿＿＿月＿＿＿＿日

地址：＿＿＿＿＿＿＿＿＿＿

聯絡電話：＿＿＿＿＿＿＿＿ 傳真：＿＿＿＿＿＿＿＿

E-mail：

學歷：☐ 1. 小學 ☐ 2. 國中 ☐ 3. 高中 ☐ 4. 大學 ☐ 5. 研究所以上

職業：☐ 1. 學生 ☐ 2. 軍公教 ☐ 3. 服務 ☐ 4. 金融 ☐ 5. 製造 ☐ 6. 資訊
☐ 7. 傳播 ☐ 8. 自由業 ☐ 9. 農漁牧 ☐ 10. 家管 ☐ 11. 退休
☐ 12. 其他＿＿＿＿＿＿＿＿

您從何種方式得知本書消息？

☐ 1. 書店 ☐ 2. 網路 ☐ 3. 報紙 ☐ 4. 雜誌 ☐ 5. 廣播 ☐ 6. 電視
☐ 7. 親友推薦 ☐ 8. 其他＿＿＿＿＿＿＿＿

您通常以何種方式購書？

☐ 1. 書店 ☐ 2. 網路 ☐ 3. 傳真訂購 ☐ 4. 郵局劃撥 ☐ 5. 其他＿＿＿＿

您喜歡閱讀那些類別的書籍？

☐ 1. 財經商業 ☐ 2. 自然科學 ☐ 3. 歷史 ☐ 4. 法律 ☐ 5. 文學
☐ 6. 休閒旅遊 ☐ 7. 小說 ☐ 8. 人物傳記 ☐ 9. 生活、勵志 ☐ 10. 其他

對我們的建議：＿＿＿＿＿＿＿＿＿＿

＿＿＿＿＿＿＿＿＿＿

＿＿＿＿＿＿＿＿＿＿

請於此處用膠水黏貼